Reinhold Reichl

Nimm dein Glück in die Hand!

Reinhold Reichl

Nimm dein Glück in die Hand!

Wege zu einer positiven Lebensgestaltung

Pattloch

Die Deutsche Bibliothek – CIP-Einheitsaufnahme

Reichl, Reinhold:
Nimm dein Glück in die Hand! : Wege zu einer positiven Lebensgestaltung / Reinhold Reichl. – Augsburg : Pattloch, 1995
ISBN 3-629-00086-X

Pattloch Verlag, Augsburg

Einbandgestaltung: Johannes Wawra, Aachen
Satz: 11/14½ P. Garamond von Utesch Satztechnik GmbH, Hamburg
Druck und Bindung: Schauenburg Graphische Betriebe GmbH, Schwanau-Allmannsweier
Printed in Germany

ISBN 3-629-00086-X

Gewidmet meiner Frau Renate
und meinen Kindern Carmen,
Reinhold und Ramona

Inhaltsverzeichnis

Vorwort

Wenn Sie sich Morgen für Morgen aus den Federn quälen, um mißmutig an die ungeliebte Arbeit zu gehen; wenn Ihnen Ihre ganze Umwelt auf den Geist geht und Ihnen das Leben als permanenter Streß erscheint, dann sollten Sie das als erschreckende Alarmsignale werten! Dann befinden Sie sich auf der Verliererstraße, an deren Ende Lebensüberdruß und Sinnleere stehen.

Das Leben ist aber keine Einbahnstraße, schon gar nicht eine Sackgasse. Es bietet zahllose Wege an, die zu Freude, Zufriedenheit und Glück führen. Es hält für jeden von uns ungeahnte Möglichkeiten bereit, Erfolg und erfüllende Lebensinhalte zu finden. Wir müssen nur die richtige geistige Einstellung gewinnen und lernen, unsere Chancen wahrzunehmen.

Dieses Buch will Ihnen Perspektiven und Strategien aufzeigen, wie Sie Ihr inneres Gleichgewicht wiederfinden und einen tiefen Sinn in Ihrem Leben erkennen können. Es will Ihnen deutlich machen, daß Glück kein Zufall ist, sondern von jedem Menschen (für sich) selbst erworben werden kann, auch in scheinbar ausweglosen Lebenssituationen.

Glück – was ist das?

„Glück und Unglück sind vom Menschen und nicht vom Tage abhängig."
(Japanisches Sprichwort)

Die Frage nach dem Glück ist so alt wie die Menschheit selbst und auch so widersprüchlich. Die Menschen aller Generationen und Kulturkreise haben sich damit beschäftigt und werden auch künftig nach Antworten suchen. Unzählige Definitionen suchen das zu umschreiben, was man unter Glück zu verstehen hat.

Die einen beschränken sich dabei auf materielle Befriedigung, die anderen verlegen Glück in die jenseitige Welt, die Pessimisten leugnen es, und wieder andere machen sich lustig über den Traum von Glück.

Materielles Glück

Louis Antoine de Saint-Just, französischer Revolutionär und Weggefährte von Robespierre, definiert Glück folgendermaßen: „Ein Pflug, ein Stück Feld und ein Häuschen, fern von der Gier des Räubers, dort ist das Glück." Und sein Jakobinerbruder Gracchus Bafeuf ergänzt: „Garantiert jedem einzelnen Bürger einen Zustand beständigen Glücks, die Befriedigung der Bedürfnisse aller und ein unveränderliches Auskommen, unabhängig von der Unfähigkeit, der Unmoral oder dem schlechten Willen der Machthaber." Solche utopischen Forderungen mögen uns heute ein Lächeln entlocken. Aus der damaligen Zeit des Absolutismus und der sozialen Ungerechtigkeit sind sie aber durchaus verständlich. Nicht von ungefähr wird Glück in der Erfüllung materieller Bedürfnisse gesehen. Schließlich ging es den Pionieren der Französischen Revolution neben politischen Forderungen auch um materielle Chancengleichheit. Und die war damals keineswegs gegeben.

Irdisches Glück ist unerreichbar

Eine gegenteilige Meinung vertreten diejenigen, die davon überzeugt sind, daß Glück auf dieser unvollkommenen Welt nicht zu erreichen ist. So war der berühmte deutsche Minnesänger Walther von der Vogelweide der Ansicht, daß „Gut und weltliche Ehre nicht zusammen mit Gottes Huld in einen Schrein gehen“. Auch Blaise Pascal, Mathematiker, Physiker und Philosoph, glaubte, daß irdisches Glück und ewiges Heil nicht zusammenzubringen seien.

Glück als Utopie

Für den Vater der Psychoanalyse, Sigmund Freud, ist Glück eine Utopie: „Dieses Streben will einerseits die Abwesenheit von Schmerz und Unlust, andererseits das Erleben starker Lustgefühle. Dieses Programm ist überhaupt nicht durchführbar, alle Einrichtungen des Alls widerstreben ihm; man möchte sagen, die Absicht, daß der Mensch glücklich sei, ist im Plan der Schöpfung nicht enthalten.“

„Lüstchen für Tag und Nacht“

Friedrich Nietzsche hält ebenfalls nicht viel vom Glück. Das, was gemeinhin als Glück gelte, sei „erbärmliches Behagen, völlig ungeeignet, das Dasein zu rechtfertigen“. Und schließlich wird er sarkastisch: So habe „der letzte Mensch sein Lüstchen für den Tag und sein Lüstchen für die Nacht…“

Lustbefriedigung und Konsum

Definiert man Glück als Lustbefriedigung oder Konsum, dann wird Glücksstreben zur Sucht, zum rastlosen Suchen, zur Gier nach Abenteuern und Ausnahmeerlebnissen. Ist das gesuchte „Glückserlebnis“ tatsächlich erreicht und ausgekostet worden, folgt dem Genuß nicht selten eine Art Katergefühl, das die vormalige Hochstimmung in das Gegenteil verkehrt.

Besonders deutlich wird das bei denen, die mit Drogen oder Alkohol ihr Glücksgefühl steigern wollen. Das Unbefriedigende dieser Art von Glückssuche hat der französische Schriftsteller und Nobelpreisträger André Gide in einer Tagebuchnotiz treffend zum Ausdruck gebracht: „Das Furchtbare ist, daß man sich nie genügend betrinken kann."

Reichtum

Viele halten Reichtum und materielle Güter für den Inbegriff des Glücks.

Eines ist sicher: Geld beruhigt, öffnet viele Möglichkeiten, verschafft Ansehen und läßt so manche Existenzsorgen nicht aufkommen. Garant des Glücks kann Reichtum aber wohl nicht sein, sonst wären alle Reichen dieser Erde auch die Glücklichsten. Das beste Beispiel hierfür bietet John D. Rockefeller, der sagenumwobene Begründer der amerikanischen Gelddynastie, von dem noch später einmal die Rede sein wird. Er war nie glücklich, solange er nach Gut und Geld jagte. Im Rückblick auf seine Geldrafferzeit sagte er einmal: „Nie habe ich mich abends zur Ruhe gelegt, ohne mir vorzuhalten, daß meine Erfolge nur vorübergehend sein könnten."

Angst vor Verlust

So berechtigt wir Wohlstand und Reichtum als Glücksfaktoren ansehen können, so deutlich müssen wir aber auch die Endlichkeit, Unvollkommenheit oder Beschränktheit solchen Glücks erkennen. Schon eine kleine Änderung der äußeren Umstände, eine wirtschaftliche oder gesundheitliche Krise, ein einziger Leichtsinnsfehler, der einen schweren Unfall nach sich zieht, können Sie aus der Glücksbahn werfen.

Wer Glück auf diesen äußeren Dingen aufbaut, wird bald schmerzlich feststellen, daß dieses Glück ein sehr zerbrechlich Ding ist, das sich schnell in Unglück verwandeln kann.

Frei von Schmerzen

Der römische Dichter Lucretius sieht Glück vor allem im Freisein von Schmerzen. In seinem Werk „De rerum naturae“ schreibt er:

„Seht doch, daß die Natur nichts anderes fordert, als daß der Mensch sich ohne Schmerzen des Körpers in seinem Innern erfreue. Eines fröhlichen Sinnes, von Sorge frei und von Ängsten. Nun, zu unserem leiblichen Wohl bedarf's, wie wir sehen, immer gar nur weniger Dinge, dem Schmerze zu wehren.“

Epikur

Daß Freisein von Schmerzen nicht das größte Glück sein kann, davon legt Epikur, der geistige Ziehvater des römischen Dichters Lucretius, ein beredtes Zeugnis ab. In einem Brief an seinen Freund Idomeneus schreibt der griechische Philosoph: „Dies schreibe ich auch an dem glückseligen und zugleich letzten Tag meines Lebens. Ich leide an Harnzwang und dysenterischen Schmerzen (infektiöse Darmerkrankung), die nicht größer sein könnten. Aber über all das hebt mich die Seelenfreude hinweg in dem Gedanken an die mir im Leben geschenkten Einsichten oder Gespräche.“

Epikur, dem man fälschlicherweise nachsagt, er habe Lust und Sinnenbefriedigung zum höchsten Lebensziel des Menschen erhoben, weist immer wieder darauf hin, daß körperliches Wohlbefinden und Freisein von Angst zwar wichtige Grundpfeiler des Glücks, aber nicht die einzigen seien. Das höchste Glück auf Erden sieht Epikur in einer freien Geisteshaltung und in der vollkommenen Harmonie der Seele.

Selbstgenügsamkeit

Um das zu erreichen, gelte es, Selbstgenügsamkeit zu üben, denn: „Der größte Lohn der Selbstgenügsamkeit ist die Freiheit.“ Der Mensch müsse daher ein „einfaches Leben“ führen. Dieses halte ihn gesund und versetze ihn in die Lage, auch Zeiten der Not und des Mangels mit Gleichmut zu ertragen. Dabei redet Epikur nicht einem zurückgezogenen Asketentum das Wort. Er ermuntert die Mitmenschen, das Leben in vollen Zügen zu genießen. Darüber dürfe man aber nicht das Maß verlieren, da sich sonst Lust schnell in Leid verwandeln könne.

Leib – Seele – Geist

Wenn wir Glück umfassend definieren wollen, müssen wir meines Erachtens alle drei Schichten des Menschen, nämlich Leib, Seele und Geist, mit einbeziehen. Nur wenn alle drei Bereiche zufriedengestellt werden, kann man logischerweise erst von wirklichem Glück sprechen.

Doch ist das auf dieser Erde überhaupt zu erlangen?

Ideale Ehe

Stellen wir uns ein ideales Ehepaar vor. Beide Partner lieben sich sehr (Seele), verstehen sich sexuell blendend (Körper) und verfolgen gemeinsame geistige Interessen oder ergänzen sich auf diesem Gebiet (Geist).

In der Tat kann man solche Menschen ohne Vorbehalt glücklich nennen, denn sie harmonisieren in allen drei Bereichen (Körper, Seele, Geist), die den Menschen ausmachen.

Was aber, wenn einer der Partner plötzlich stirbt? Bricht dann nicht für den Überlebenden das Glücksgebäude zusammen, das ganz und gar auf die harmonische Ehe aufgebaut war? Mit dem Tod des Lebensgefährten ist plötzlich das Fundament weg, das das Dasein so lebenswert und glücklich gemacht hatte.

Nicht wenige, vormals sehr glückliche Menschen sind durch den Verlust ihres Partners todunglücklich geworden und daran zerbrochen. Sie hatten die Vergänglichkeit nicht eingeplant. Hier und an vielen anderen Schicksalen, die das Leben diktiert, wird sichtbar, wie relativ das schönste Glück auf dieser Erde ist, wie instabil, wie unberechenbar.

Nichts ist beständig

Der Grund ist schnell gefunden: Nichts im irdischen Leben ist beständig, alles in Fluß und Bewegung. Diese Welt ist der Zeit und der stetigen Wandlung unterworfen. Daher ist ein Festhalten des Glücks, das von Zeit und äußeren Umständen abhängt, gar nicht möglich. Sobald Sie glückliche Augenblicke nicht mehr loslassen wollen, stemmen Sie sich gegen eine unumstößliche Grundtatsache unseres Lebens – die Vergänglichkeit –, und Sie beginnen zu leiden. Glück ist also nur möglich im Hinnehmen der vorhandenen Wirklichkeit, in der Freude über das gegenwärtig Angenehme und in der Dankbarkeit über das vorhandene oder vergangene Gute und Schöne.

Liebe und Bejahung

Glücklich sein heißt annehmen und bejahen, nicht nur sein Schicksal, sondern auch sich selbst und seine Mitmenschen. Somit hängt Glück sehr eng mit Liebe zusammen, die nichts anderes ist als vorbehaltloses Annehmen und Bejahen des anderen, der gesamten Schöpfung und des Schöpfers.

Liebe zum Nächsten läßt Haß, Neid oder andere negative Gefühle erst gar nicht aufkommen. Der liebende Mensch vergeudet nicht unnötig emotionale und geistige Energie. Er kann sich auf das Schöne und Gute dieser Erde konzentrieren und seine Seele freihalten für höhere Werte und Inhalte, die ein beständiges Glück in Aussicht stellen.

Glücksspirale

Liebe schafft Harmonie im eigenen Innern und Harmonie mit der gesamten Umwelt. Von hier fließt sie als belebendes Lebenselixier wieder zu Ihnen zurück. Es entsteht eine fruchtbare Wechselwirkung, die neue Kräfte freisetzt und die Persönlichkeitsentwicklung fördert. Der Liebende wird in seiner Haltung bestätigt, weil er Liebe zurückbekommt. Das ermutigt ihn, den eingeschlagenen Weg weiterzugeben. Er erlebt sich jetzt mehr als Empfangenden denn als Gebenden und fühlt sich zunehmend wohler und zufriedener. Eine „Glücksspirale“ beginnt sich zu drehen, die nach oben führt, zu immer mehr Vollkommenheit und innerer Harmonie.

Der XIV. Dalai Lama von Tibet stellt in einer seiner Ansprachen in den USA fest: „Menschen, die heilende Hinwendung praktizieren, sind innerlich viel glücklicher, viel ruhiger und friedvoller, und dieses Gefühl wird von den anderen erwidert. Ärger macht wahren Frieden, Freundschaft und Vertrauen unmöglich. Nur durch die Liebe können wir Verständnis, Eintracht, Freundschaft und Harmonie entwickeln ... Um aber diese außerordentliche Kraft der heilenden Hinwendung zu erreichen, brauche ich zuallererst ein liebendes Herz, das unter dem Eindruck der leidenden Wesen wünscht, daß alle glücklich sind, das in jedem das Gute sieht und jedem Glück wünscht.“

Liebe weist also über die eigene Person hinaus und deutet damit schon an, daß wahres Glück mehr ist als die Befriedigung eigener Wünsche und Bedürfnisse, mehr auch als der (durchaus legitime) Genuß der Güter dieser Welt.

Glück sucht Beständigkeit

Glück sucht Ewigkeit, „tiefe, tiefe Ewigkeit“, wie Friedrich Nietzsche einmal formuliert hat. Auch wenn uns nicht immer bewußt ist, daß wir auf das Ewige, das Beständige und Dauerhafte ausgerichtet sind, so spüren wir doch täglich das Rinnen der Zeit, den Fluß der Ereignisse, den Wandel der Dinge. Dann werden wir nachdenklich und können die Worte des Kirchenvaters Augustinus besser nachvollziehen, der nach einem genußreichen Lebenswandel bekennt: „Denn zu DIR hin hast DU uns geschaffen, und unruhig ist unser Herz, bis es ruht in DIR.“

Josef Pieper

Bei allen Versuchen, Glück zu definieren, muß man wohl festhalten, daß Glück auf dieser Erde für uns Menschen nur bedingt erreichbar ist. Ich denke, wirkliches Glück, das frei von Angst und Vergänglichkeit ist, kann erst nach Beendigung der leiblichen Existenz in vollem Umfang erlangt werden. Ich schließe mich der Definition von Josef Pieper an, der Glück als „Teilhabe des Menschen an der todüberlegenen Fülle göttlichen Lebens" umschrieben hat.

Sicher gibt es mehrere Stufen von Glück, die vom Körperlichen über das Geistige und Seelische bis ins Kosmische und Göttliche reichen. Ohne die Ausrichtung auf Liebe, auf Gott und auf ein Leben nach dem Tod bleibt nach meiner persönlichen Überzeugung Glück nur Torso und Stückwerk.

Bilanz

Glück hat viele Namen und Stufen

Glück hat viele Namen und zahlreiche Stufen.

Glück ist sowohl Abwesenheit von geistig-seelischen Leiden und körperlichen Schmerzen, ist auch Befriedigung der Bedürfnisse der Leib-Seele-Geist-Einheit Mensch.

Glück ist Harmonie mit sich selbst, mit der gesamten Schöpfung und mit dem Schöpfer.

Glück ist Erfülltsein, Wunschlosigkeit, innere Gelöstheit, Heiterkeit und Freiheit.

Glück ist Übereinstimmung von Körper, Geist und Seele. Je unabhängiger Glück von äußeren Umständen ist, desto vollkommener und dauerhafter ist es auch.

Glück erfüllt sich in der Zuwendung, in der Bejahung und in der Liebe, die den engen Rahmen des erdenhaften Ich sprengt. „Die Liebe ist ein Kind der Ewigkeit. Sie verwischt die Erinnerung an den Anfang und nimmt damit die Angst vor dem Ende", schrieb Anna Louise Germaine von Stael-Holstein über die brückenschlagende Funktion der Liebe.

Glück vollendet sich im Einssein mit dem Universum und mit Gott, in der zeitlosen, beständigen Schau des absolut Guten und Schönen. Darauf ist unser Erdenglück letztlich ausgerichtet. Der bereits zitierte Kirchenvater Augustinus faßt irdisches Glücklichsein in einem Satz zusammen: „Glücklich ist, wer alles hat, was er will."

Individuelles Glück

Der Heilige will damit wohl sagen, daß jeder einzelne sein eigenes, sein individuelles Glück suchen und finden muß.

Was dem einen als heiß ersehntes Ziel erscheint, kann einem anderen nicht das geringste Verlangen entlocken. Der eine ist mit dem Vielen unzufrieden und unglücklich, der andere ist mit dem Wenigen völlig zufrieden und glücklich.

Wesentliches Element des Glücks ist die Zufriedenheit, die einem dankbaren Herzen entspringt.

Zufrieden kann der Mensch vor allem dann werden, wenn er sich feste Ziele und erfüllende Aufgaben sucht, die über sein Ego hinausgreifen. Nur so verleiht er seinem Leben Sinn und Inhalt und findet zu einer stabilen Lebensmitte. Dadurch entgeht er der inneren Leere, die allzu gerne aufgefüllt sein will mit Lustbefriedigung und Stillung egoistischer Wünsche und Bedürfnisse. Glücklich werden kann der Mensch nur, wenn er seine eigenen Ziele und Wünsche in Einklang bringt mit der übrigen Schöpfung.

Was unter Glück letztlich zu verstehen ist, besagt das folgende Gedicht:

Was ist Glück?

Glück –
ein Urtraum der Menschheit,
Ziel eines jeden,
magische Formel,
Fata Morgana?

Glück –
meinen viele,
ist Zufall,
ist Schicksal,
geschenkt, ererbt
oder gar käuflich.

Glück
ist kein Zufall,
nicht Erbe
und auch nicht
zu kaufen.

Glück
kannst du lernen
formen, gestalten
und lenken.

Glück
ist innen,
nicht nur im Herzen,
auch in Gedanken.

Glück
erfährst du
im Lösen vom ICH,

im Schenken
ohne Erwartung.

Glück
wird geboren
im Ja zum Schicksal,
im Ja zum Nächsten,
im Ja zu Gott,
im Ja zu DIR selbst.

Das Glück liegt dir zu Füßen

„Mit dem Glück ist es oft wie mit der Brille: man hat sie auf der Nase und weiß es nicht."
(Lebensphilosophie)

Wie oft hängen wir Wunschträumen nach und merken gar nicht, daß wir täglich oder stündlich über Glückssteine stolpern, die direkt vor unseren Füßen liegen.

Wir sind unglücklich, weil wir Glück dort suchen, wo es nicht zu finden ist.

Wir sind unglücklich, weil wir Glück suchen, ohne zu untersuchen, was uns glücklich macht.

Wir sind unglücklich, weil wir uns auf utopisches Wunschdenken konzentrieren und dabei nicht mehr auf das Nächstliegende achten, das uns Grund genug gäbe, wirklich zufrieden zu sein.

Auf das Finden konzentrieren

Im gehetzten Run auf das vermeintlich große Glück verlieren wir oft die innere Ruhe und Ausgeglichenheit und werden immer wieder bitter enttäuscht. Statt das Glück stets zu jagen und zu suchen, sollten wir uns besser auf das Finden konzentrieren. Wir sollten das, was wir gegenwärtig besitzen, einmal genau unter die Lupe nehmen und dann bescheiden zugeben, daß wir eigentlich soviel haben, um damit glücklich werden zu können.

Johann Martin Miller hat es in seinem Gedicht „Die Kunst zu leben" auf den Punkt gebracht:

„Was frag ich viel nach Geld und Gut,
wenn ich zufrieden bin!
Gibt Gott mir nur gesundes Blut,
so hab ich frohen Sinn
und sing aus denkbarem Gemüt
mein Morgen- und mein Abendlied."

Gesundheit als hohes Glücksgut

Wie viele Menschen wären wie Miller glücklich, wenn sie das unschätzbare Gut der körperlichen oder seelischen Gesundheit besäßen. Und wieviele von uns sind unzufrieden oder gar unglücklich, obwohl sie physisch und psychisch fit sind?

Wir Gesunden nehmen dieses Geschenk als etwas Selbstverständliches hin, auf das wir Anspruch haben, wofür wir nicht sonderlich dankbar sein müssen. Erst wenn wir erkrankt sind, schätzen wir unsere Gesundheit und bemerken plötzlich, was wir verloren haben.

In Augenblicken der Unzufriedenheit, des Selbstmitleides oder des Weltschmerzes sollten wir uns daher öfters an unsere Gesundheit erinnern oder uns in die Situation zurückversetzen, in der wir schwer erkrankt waren oder starke Schmerzen erleiden mußten.

Sie können sich auch in die Lage eines körperlich oder geistig Behinderten, eines Schwerkranken oder unheilbar Erkrankten versetzen. Sicher werden Sie dann mit Ihrem eigenen Los wieder zufriedener, vielleicht sogar dankbar sein.

Krankheit positiv bewältigen

Sollten Sie in diesem Moment, in dem Sie diese Zeilen lesen, krank und deshalb sehr unglücklich sein, können Sie Ihr seelisches Gleichgewicht allmählich zurückgewinnen, wenn Sie die folgenden Ausführungen in Ruhe und ohne Vorbehalte lesen und überdenken:

Als Christ

Falls Sie Christ sind, versuchen Sie, Ihr Schicksal im Licht der Leiden Christi zu ertragen. Stellen Sie sich lebhaft die Schmerzen Jesu bei der Geißelung und Kreuzigung vor. Identifizieren Sie sich mit Jesus und denken Sie daran, daß er aus Liebe zu uns Menschen und als Sühne für unsere Sünden qualvoll gestorben ist.

Betrachten Sie Ihre eigenen Leiden als Sühne für Ihre Verfehlungen und als Möglichkeit, diese schon im irdischen Leben abbüßen zu dürfen. Weihen Sie Ihre Schmerzen Gott und den Menschen, die Sie lieben.

Als Christ glauben Sie an ein Weiterleben nach dem Tod, in dem es Leid und Schmerz nicht gibt, in dem vollkommenes Glück sein wird, wenn Sie rechtschaffen gelebt und auf Erden bereits Buße getan haben. Je geläuterter Sie aus diesem Leben scheiden, desto eher erwerben Sie das jenseitige, vollkommene Glück.

Im Angesicht solcher Dimensionen wird Ihr Schmerz sicher leichter und erträglicher, ja sinnvoll.

Nachfolge Christi

Körperliche Leiden und Krankheiten zu ertragen, ist ein Stück Nachfolge Christi, weil Sie bewußt Ihr Kreuz auf sich nehmen und Ihrem Schöpfer in Demut und Gehorsam hinterhergehen. Gott wird eine solche Haltung ganz sicher erwidern und Sie am Ende Ihres Lebens in Liebe und Güte annehmen, wie groß Ihre Schuld auf Erden auch war. Johannes, der Lieblingsapostel Jesu, deutet dies in seiner Offenbarung, Kap. 14,13 an: „Da hörte ich eine Stimme aus dem Himmel reden: Schreibe: Selig die Toten, die schon jetzt im Herrn sterben. Fürwahr, so spricht der Geist, sie sollen ruhen von ihren Mühen; denn ihre Werke folgen ihnen nach."

Unheilbare Krankheit

Sollten Sie gar unheilbar erkrankt sein, dann helfen jetzt Lamentieren, Selbstmitleid oder blindes Dagegenstemmen auch nicht weiter. Im Gegenteil: Sie vergrößern Ihre Leiden nur! Besser ist es, sich auf ein würdiges Ende vorzubereiten, das nach dem Verständnis aller großen Weltreligionen kein endgültiges Aus, sondern ein neuer Anfang ist.

Zeit sinnvoll nutzen

Versuchen Sie zu ordnen, was noch zu ordnen ist. Suchen Sie mit allen Menschen Frieden zu schließen, vor allem mit denen, die Sie nicht gemocht, vielleicht sogar gehaßt haben. Nützen Sie die verbleibende Zeit sinnvoll, dann verfallen Sie nicht in Hoffnungslosigkeit und Lethargie. Seien Sie dankbar für die Freuden, die Sie im bisherigen Dasein genießen durften und bedenken Sie, daß die irdische Existenz für jeden Menschen begrenzt ist.

Heilung ist möglich

Im übrigen kann das bewußte Annehmen einer unheilbaren Krankheit Ausgangspunkt einer Heilung werden. Die Gründe sollen hier nicht erörtert werden. Tatsache aber ist, daß solche Fälle nicht einmalig sind. Und Tatsache ist auch, daß eine hadernde oder selbstmitleidige Haltung negative und damit krankheitsfördernde Signale auf den Organismus ausstrahlt, während das positive, demütige Ja befreit und eher eine heilende Wirkung auslöst.

Bewältigung ohne Religion

Falls Sie weder an Gott noch an ein Weiterleben nach dem Tod glauben (auf dieses Thema komme ich noch ausführlich zu sprechen), betrachten Sie Ihre Krankheit als Wendemarke in Ihrem Leben:

Vielleicht lernen Sie durch diese Krankheit verborgene Kräfte Ihrer Persönlichkeit kennen (z.B. Glaube, Vertrauen, Geduld oder Hoffnung). Vielleicht ist die Krankheit dazu da, aus Ihnen eine reife Persönlichkeit zu formen.

Vielleicht zeigt sie Ihnen, daß Sie bisher ungesund gelebt haben; nicht nur in körperlicher Hinsicht, sondern auch in seelischer; daß Sie sich zu sehr von negativen Gefühlen haben leiten lassen. Vielleicht lehrt Ihre Krankheit Sie, Anteil am Schicksal des Nächsten zu nehmen.

Vielleicht erkennen Sie dadurch, daß körperliches Sein nicht die einzige Existenzweise des Menschen ist, daß es etwas Höheres, etwas Beständigeres geben muß – etwas, wodurch Krankheit, Schmerzen und Leiden einen Sinn bekommen.

Was ist Ihnen geblieben?

Wenn Sie nicht so tief vordringen wollen, dann blikken Sie um sich und sehen all das, was Ihnen trotz Krankheit geblieben ist und Ihnen noch genügend Grund zur Freude gibt: liebe Menschen, eine herrliche Landschaft, ein Haus, eine nette Wohnung, ein schöner Garten, Bilder und andere Kunstwerke... Vergleichen Sie auch das Schicksal anderer Menschen, denen es noch viel schlechter geht als Ihnen, und lösen Sie sich von Selbstmitleid! Nehmen Sie die Liebe und Fürsorge, die Sie umgeben, dankbar als Geschenk an, und freuen Sie sich darüber, daß sich liebevolle Menschen um Sie kümmern. Saugen Sie diese Liebe bewußt in sich hinein, und reagieren Sie ebenso bewußt mit Liebe. Auch wenn Sie es noch nicht wahrnehmen, das Glück liegt oft vor Ihren Füßen.

Glück = Liebe

Bereits im vorangegangenen Kapitel ist angeklungen, daß Liebe und Glück untrennbar miteinander verbunden sind. Ich wage sogar die Formel: Glück ist gleich Liebe. Je größer die Liebe, desto größer das Glück. Z.B. Sexuelle Liebe ist zuweilen kurz, daher auch das Glück. Die Liebe von Ehepartnern oder zwischen Kindern und Eltern ist dauerhafter, damit auch das Glück. Die Liebe zu Gott aber ist in meinen Augen am höchsten. Daher ist dieses Glück das höchste und beständigste. Es mündet nach meinem Glauben in das ewige Glück im Jenseits.

Aber bleiben wir auf der Erde. Wir wollen hier schon glücklich werden, und dieses Buch will Ihnen Wege dahin zeigen.

In meinem bisherigen Leben habe ich immer bewußter das eine psychologische Grundgesetz erlebt:

Wer Liebe sät, wird Liebe ernten. Wer Haß ausstreut, der wird wiederum Haß ernten.

Liebe – und hier ist das Schicksal gerecht und für alle gleich – kann *jedermann* säen und ernten, ob arm oder reich, ob gesund oder krank. Wenn Sie auf diesem Fundament Ihr Lebensgebäude errichten, dann wird es nicht einstürzen, sondern bis zum Himmel wachsen; das heißt, Sie holen schon zu Lebzeiten ein Stück Himmel auf die Erde.

Sind aber Egoismus, Haß, Neid oder Geiz die Säulen Ihres Lebensgebäudes, dann ist dieses baufällig, ungemütlich und vor allem ohne Licht und Glück im Innern. Außerdem wirken sich solche innere Haltungen und Einstellungen auch auf die körperliche Verfassung aus.

John D. Rockefeller und das Glück

Ein charakteristisches Beispiel dafür ist der bereits erwähnte John D. Rockefeller. Er kannte bis zu seinem 53. Lebensjahr nur Geld, Gewinn und Ego. Mit 33 hatte er bereits die erste Million Dollar zusammen, mit 43 besaß er den größten Monopolkonzern, die Standard-Oil-Gesellschaft. Mit 50 Jahren litt der Millionär an Verdauungs- und Nervenstörungen; die Haare fielen ihm aus, seine Haut war runzelig und farblos. Kurzum, John D. Rockefeller stand unmittelbar am Rande seines eigenen Grabes.

Während er nachts wach und mit Schmerzen im Bett lag, hatte er Zeit zum Nachdenken. Er, den alle fürchteten und haßten, sehnte sich nach eigenem Bekenntnis nach menschlicher Wärme und Liebe. Sein beruflicher Egoismus und seine rücksichtslosen Geschäftspraktiken hatten die Menschen in seiner Umgebung abgeschreckt, ja angeekelt. Sein eigener Bruder wollte nichts mehr mit dem Geldscheffler zu tun haben und distanzierte sich in aller Form von ihm.

Mit 53 Jahren dem Tod geweiht

Als ihm die Ärzte im Alter von 53 Jahren unmißverständlich klar machten, daß er bei der bisherigen Lebensweise nur noch Monate zu leben habe, begann er über sein Leben selbstkritisch nachzudenken. Bald stellte er sein Leben radikal um, besonders innerlich. Er besann sich auf das fundamentale Lebenselixier, auf die Liebe.

Er fing an, sich mit seinen Mitmenschen zu beschäftigen und überlegte, wie er ihnen mit seinem vielen Geld helfen könne. Er gründete die berühmte Rockefeller-Stiftung zur weltweiten Bekämpfung von Krankheit und Unwissenheit, gab Geld für Universitäten aus und setzte seinen Reichtum dort ein, wo er Menschen wirklich Hilfe brachte. Und siehe da, der Menschenverächter Rockefeller wurde zu einem Menschenfreund. Und darüber wurde er sehr glücklich.

Liebe und Gesundheit

Er, der mit 53 Jahren vor dem körperlichen Ruin stand, wurde 98 (!) Jahre alt. Die Liebe hatte ihn im besten Sinn des Wortes wieder aufblühen lassen und ihm nicht nur das Glück der Seele, sondern auch das körperliche Wohlergehen zurückgewonnen.

Wenn wir Normalbürger auch keine Millionen zu verschenken haben, Liebe, Freundlichkeit, Aufmerksamkeit und Verständnis kann jeder von uns seinem Nächsten entgegenbringen. Wenn wir das tun, wird die Welt um uns herum wieder freundlicher und heller. Viele Probleme, Sorgen und Nöte lösen sich in Wohlgefallen auf. Aggressionen und Ressentiments ersticken allmählich. Wir finden unseren Seelenfrieden, wenn wir mit unseren Nächsten in Frieden und Harmonie leben. Vor allem gewinnen wir ein wenig von unserer kindlichen Freude zurück, die sich auch an den kleinen Schönheiten ergötzen kann, die uns vor Füßen liegen.

Auf diese macht Gina Ruck-Pauquèt in ihrem Gedicht „Der kleine Nachtwächter“ aufmerksam:

„Der kleine Nachtwächter" und das Glück

Einmal, in einer Nacht voller Blütenduft
und Sternengeflimmer,
ging der kleine Nachtwächter
mit seiner Laterne
am Rande der Wiesen entlang.
Da sah er plötzlich,
genau vor seinem rechten Fuß,
ein vierblättriges Kleeblatt.
„Oh", sagte der kleine Nachtwächter erfreut.
Er bückte sich und pflückte es ab.
Weil ein vierblättriges Kleeblatt
Glück bringt, beschloß er,
die Leute zu wecken.
Denn das Glück ist schöner,
wenn man es mit anderen teilt.
„Steht auf!" rief er.
„Ich habe ein vierblättriges Kleeblatt gefunden!"
Da kamen die Leute zu ihm heraus:
die Blumenfrau, der Dichter,
der Drehorgelmann, das Luftballonmädchen
und der Bauer.
Sie setzten sich vor ihre Häuser
und hielten Ausschau nach dem Glück.
Ob es von links kommen würde,
von rechts oder gar von oben?
Sie ließen die Blicke wandern und lauschten
in die Nacht.
Am Waldrand spielten die Rehe,
und die Fuchsmutter balgte sich
mit ihren Kindern herum.
Ganz in der Nähe geigte eine Grille,
und der sanfte Nachtwind
pflückte Blütenflocken von den Bäumen
und ließ sie über die Dächer rieseln.

Da spazierten fünfzehn Mäuschen
die Dorfstraße entlang. Immer eines
ein bißchen kleiner als das andere.
Der Mond spiegelte sich im Dorfteich.
Das sah so hübsch aus,
daß die Frösche einen Kreis um ihn bildeten
und ihm ein Froschlied sangen.
Das Bächlein murmelte.
In der uralten Kastanie
saßen die Eulen und träumten
mit leuchtenden Augen in die Nacht.
Die Leute waren ganz still.
Sie schauten den Hasen zu,
die auf der Wiese Männchen machten,
und hörten die Glockenblumen läuten.
„Wann kommt denn endlich das Glück?"
fragte da plötzlich das Luftballonmädchen.
„Pst", antwortete der kleine Nachtwächter
und legte seinen Finger auf den Mund.
„Es ist längst da.
Die ganze Nacht ist angefüllt mit Glück.
Spürt ihr es nicht?"

Romantik wieder-entdecken

Mag sein, daß dieses Gedicht dem einen oder anderen zu romantisch erscheint. Doch wir sollten in unserem spröden Computerzeitalter die Romantik wieder neu entdecken und uns ihrer nicht schämen. Romantische Gefühle zeugen von Begeisterungsfähigkeit, Phantasie und zweckfreiem Schauen. Wir sollten lernen, einen Naturvorgang mit der Seele zu erleben. Wer kann einen Sonnenuntergang am Meer noch als Eintauchen einer glühenden Kugel in die sanfte Unendlichkeit des Kosmos sehen? Wer kann den lauen Wind auf seinem Liegestuhl im Garten als streichelnde Hände spüren und das vielstimmige Zwitschern der Gartenvögel als feierliche Dankeshymne der Kreaturen Gottes wahrnehmen?

Den Blick des Kindes zurückgewinnen

Gerade das ungekünstelte, spontane und kindlich unvoreingenommene Betrachten der Wirklichkeit öffnet uns die Augen für die Schönheit der Schöpfung und zeigt uns das Glück, das täglich um uns ist. Wir müssen wieder den spontanen Blick des Kindes zurückgewinnen. Weil Kinder noch Kleinigkeiten und Glücksquellen entdecken, die den Erwachsenen verborgen bleiben, können sie sich öfter und intensiver freuen. Warum kommt den meisten von uns die eigene Kindheit (trotz kärglicher wirtschaftlicher Verhältnisse) heute so glücklich vor? Nicht nur, weil wir das Positive behalten und das Negative vergessen, sondern vor allem deshalb, weil wir als Kinder Freude und Glück viel spontaner und ganzheitlicher erleben konnten. Weil wir die Wirklichkeit noch romantisch, d.h. mit verklärtem Blick anschauen und uns mit ihr identifizieren konnten. Kinder sehen nicht aus der Distanz des Analytikers, sondern erleben sich als Lebewesen, die in ihre Umwelt eingebunden und so mit ihr verbunden sind.

Franz von Assisi

Franziskus von Assisi fand wieder zur ursprünglichen Sicht eines Kindes zurück, nachdem er sich dem hektischen Treiben seines bisherigen Lebens entzogen hatte. In einem neuen Leben, das der Nächstenliebe und der Meditation geweiht war, gewann er eine tiefe Harmonie mit der ganzen Schöpfung. Er fühlte sich so eins mit der Natur, daß er mit allen Tieren sprach und die Elemente und Gestirne als seine Brüder und Schwestern bezeichnete. Er sah die Welt mit staunenden und dankbaren Augen an. Dieses ergriffene Staunen wandelte sich wie von selbst zum Gebet.

Welch tief empfundene Dankbarkeit schwingt in seinem „Sonnengesang“, wo es in einem Vers heißt:

„Sonnengesang“

„Sei gelobt, mein Herr, / mit allen Deinen Geschöpfen, / vor allem Herr Bruder Sonne, / der den Tag bringt und uns leuchtet; / schön ist er / und strahlend in großem Glanz: / von Dir, Höchster, ist er ein Gleichnis.“

Sehen lernen

Jedem von uns steht diese Welt mit all ihren verborgenen und weit sichtbaren Schönheiten offen. Wir müssen sie nur wahrnehmen und anerkennen. Die persönliche Sicht der Dinge prägt das Lebensgefühl eines Menschen, nicht die Dinge an sich. Wir müssen also wieder sehen lernen. Bei dem Überangebot unserer Konsumgesellschaft ist das gar nicht so einfach. Wir verlieren nur allzu leicht die Übersicht.

Daher sollten wir unseren Blick für das schärfen, was für uns wesentlich und wichtig ist. Jeder muß seine eigenen Prioritäten setzen, weil jeder Mensch seine eigenen Bedürfnisse und Wünsche hat.

Begeben wir uns also auf die Suche nach dem Glück und treffen wir eine Auslese, die uns, und nur uns allein, paßt. Am besten beginnen wir bei unserer Person und überlegen, was uns der Schöpfer an körperlichen, geistigen und seelischen Vorzügen mitgegeben hat. Bin ich gesund, sportlich, körperlich belastbar oder liegen meine Stärken mehr im seelisch-geistigen Bereich? Mit welchen materiellen Gütern bin ich ausgestattet? Welche Möglichkeiten tun sich für mich auf, zu Wohlstand oder einer äußerlich gesicherten Existenz zu gelangen? U.s.w.

Grund zur Zufriedenheit

Sie werden höchstwahrscheinlich feststellen, daß Sie allen Grund zur Dankbarkeit und Zufriedenheit haben. Wenn das eine oder andere noch nicht erreicht ist, liegt es möglicherweise daran, daß Sie vorhandene Anlagen nicht voll ausgeschöpft haben. Sehen sie dieses Vakuum als Ansporn, als Zielaufgabe an, und Sie werden wieder Sinn in Ihrem Leben finden und zufrieden sein.

Überprüfen Sie auch die Gemeinschaft, in der Sie leben, das Verhältnis zu Ihrer Familie und der näheren Umgebung. Auch hier werden Sie viele Gründe zur Freude finden. Wo das Verhältnis nicht stimmt, warten weitere Aufgaben auf Sie. Wenn Sie das Leben, das Ihnen der Schöpfer zur Bewältigung übertragen hat, als Herausforderung sehen, werden Sie stets nach vorne schauen und nie ein Gefühl von Lebensmüdigkeit oder Sinnlosigkeit verspüren. Im Gegenteil: Sie werden immer in einer positiven Erwartung leben. Ein wesentliches Element des Glücks ist die Spannung, einen Grund zur Freude zu finden. Daher sagt der Volksmund zu Recht: Die Vorfreude ist die schönste Freude.

Die Augen öffnen

Öffnen Sie die Augen und untersuchen Sie all Ihre Lebensumstände nach ihren Glücksmöglichkeiten. Schreiben Sie diese auf und überprüfen Sie, ob sich noch weitere Quellen für Freude und Zufriedenheit öffnen lassen. Setzen Sie dabei Schwerpunkte und wählen Sie sorgsam aus. Sie werden überrascht sein von der bunten Vielfalt, die das Leben für uns bereithält.

Bilanz

Unser Leben ist voll von Möglichkeiten, Glück und Zufriedenheit zu finden. Wir müssen uns nur auf das Finden konzentrieren.

Vieles nehmen wir als etwas Selbstverständliches an und übersehen dabei, daß dieses Selbstverständliche ein wesentlicher Glücksfaktor ist, zum Beispiel unsere Gesundheit.

Sollten Sie aber krank sein, können Sie Ihre Krankheit aus religiöser Sicht positiv bewältigen oder als Wendemarke in Ihrem Leben ansehen.

Jedem Menschen, ob gesund oder krank, steht der gleiche Weg zum Glück offen, und zwar über die Liebe.

Wenn wir unser Leben aus dem richtigen Blickwinkel betrachten, werden wir zahlreiche verschüttete Glücksquellen entdecken.

Nimm dein Glück in die Hand

„Gott gibt die Nüsse,
aber er beißt sie nicht auf"
(Johann Wolfgang von Goethe)

Wahl zwischen Glück und Unzufriedenheit

Norman Vincent Peale berichtet in seinem Buch „Die Wirksamkeit des positiven Denkens" von einem alten Mann, der von einem Rundfunkreporter gefragt wurde, warum er sich so glücklich fühle. Auf die Vermutung des Journalisten: „Sie müssen ein wunderbares Geheimnis besitzen", antwortete der schlichte Greis: „Nein, ich habe kein Geheimnis. Die Sache ist so natürlich wie die Nase in Ihrem Gesicht. Wenn ich am Morgen aufstehe, habe ich die Wahl zwischen Glücklichsein und Unzufriedenheit. Und was glauben Sie, wähle ich? Ich wähle das Glück – das ist alles."

Auch wenn wir es bei unserem Anspruchsdenken nicht gleich einsehen; im Prinzip ist das Glücklichwerden eine persönliche Entscheidung, eine ureigene Wahl. Ich wähle selbst zwischen Freude und Leid, zwischen Optimismus und Pessimismus, zwischen Annahme und Ablehnung des Schicksals, zwischen Liebe und Haß, zwischen Kampf und Resignation, zwischen aktivem Gestalten und passivem Hinnehmen, zwischen herzlicher Freundlichkeit und kaltem Ablehnen der Mitmenschen, zwischen Harmonie und Disharmonie.

Natürlich bleibt unbestritten, daß jeder Mensch andere körperliche, geistige und seelische Anlagen besitzt, daß jeder von unterschiedlichen Hormonspiegeln gesteuert wird und von Erziehung, sozialer Herkunft und seiner Umwelt geprägt bzw. beeinflußt ist.

Eigene Entscheidungskraft

Dennoch haben wir alle einen freien Willen und eine eigene Entscheidungsmöglichkeit, sieht man einmal von psychisch schwer Erkrankten ab. Diese Bestimmungsfreiheit schenkt uns in der Tat die Möglichkeit, unser Glück selbst zu wählen. Sie ist uns aber auch Verpflichtung. Wir müssen unsere Wahlfähigkeit und unseren Willen zum Glück regelmäßig schulen und trainieren. Jeder Tag ist ein neuer Abschnitt, ein neuer Schritt, eine neue Möglichkeit. Jeden Tag können Sie sich auf Glück „programmieren". Das fängt bereits morgens an.

Tägliches Training

Ich selbst beginne mit dem Training schon vor dem Aufstehen. Wenn ich erwacht bin, bleibe ich noch etwa zehn Minuten im Bett liegen und stelle mich auf den bevorstehenden Tag ein. Dazu gehört auch die körperliche Aktivierung.

Zunächst spanne ich für kurze Zeit meine Körpermuskulatur an und wiederhole das solange, bis ich locker bin. Danach lasse ich meine Träume der vergangenen Nacht, soweit ich mich an sie erinnern kann, noch einmal kurz vorüberziehen und versuche herauszufinden, was sie mir an unbewältigter Vergangenheit zu sagen haben.

Mental auf den Tag einstellen

Dann versuche ich, meinen Geist allmählich ruhigzustellen und auszuleeren. Die Gedanken richten sich jetzt ganz von selbst auf den bevorstehenden Tagesablauf, auf meine Familie, auf meine berufliche Tätigkeit und auf meine vorgefaßten Pläne und Verpflichtungen. Dabei suggeriere ich mir bejahende Gedanken ein, etwa: „Ich sehe alles positiv." „Ich mag alle Menschen." „Das Leben ist herrlich." „Herr, ich danke Dir für alles." ...

In meiner Vorstellung werden die Menschen deutlich, mit denen ich heute zu tun haben werde. Ich stelle mich positiv, d.h. bejahend auf sie ein, auch auf die, zu denen ich nicht so richtig Kontakt finde und die ich nicht sehr mag. Ich nehme sie in Gedanken an, ohne mich gegen sie zu sperren, suche die besten Seiten an ihnen zu finden und toleriere sie einfach.

Wenn mich eine schwere Aufgabe erwartet, lasse ich diese ebenfalls bildhaft in meinem Geist abrollen und stelle mir lebhaft vor, sie sei bereits gelöst. Ich sehe mich als ruhigen und gelassenen Menschen, der zielstrebig, aber unverkrampft an die Sache herangeht und damit fertig wird.

Atmung – Entspannung

Quälen mich schon in aller Frühe Sorgen, dann verbinde ich bestimmte Gedanken mit meiner Atmung. Beim Einatmen denke ich: „Freude ein" (Freude verbinde ich imaginär mit Licht und Wärme), beim Ausatmen: „Sorgen raus" (die stelle ich mir als verbrauchte Atemluft vor).

Wenn ich – gelockert und in Harmonie mit mir selbst – aufgestanden bin und meine Familie freundlich begrüßt habe, verrichte ich ohne Hektik meine Morgentoilette und genieße in aller Ruhe das Frühstück. Danach ziehe ich mich in mein Arbeitszimmer zurück, um mich in ungestörter Meditation auf den Tag und meinen Beruf einzustellen. Nach einer kurzen Morgengymnastik auf der Terrasse oder vor offenem Fenster fahre ich schließlich entspannt zur Schule.

„Morgenstund hat Gold im Mund"

Immer mehr sehe ich den alten Volksspruch „Morgenstund hat Gold im Mund" bestätigt. Ein harmonischer Tagesbeginn, der ohne Hetze und Hektik seinen Anfang nimmt, wirkt sich beruhigend und stabilisierend auf den ganzen Tag aus.

Sie können also jeden Tag, schon bevor er richtig begonnen hat, Ihr Glück immer wieder neu wählen und vorherbestimmen. Rückschläge bzw. Störungen der morgendlichen Harmonie wird es immer wieder geben. Dadurch sollten Sie sich aber nicht von dem eingeschlagenen Weg abbringen lassen, sondern ihn unbeirrt weitergehen, bis ein festes Ritual entstanden ist.

Damit keine Hektik Ihren Tagesbeginn zerstört, ist eine sorgsame Zeiteinteilung unumgänglich. Das bedeutet, daß der Wecker rechtzeitig rasseln muß. Dabei sollte ein abruptes Herausreißen aus den Träumen durch ein herzlos hämmerndes Weckinstrument vermieden werden. Sanftes Wecken mit Musik oder einem Tonband mit Meditationstext könnte sich positiv auf Ihr Gemüt auswirken. Auch solchen scheinbar belanglosen Kleinigkeiten sollten Sie Beachtung schenken, um möglichst harmonisch in den Morgen und den beginnenden Tag hineinzugleiten.

Die zweite Tagesphase: Begegnungen

Haben Sie den Tag erst einmal in unbeschwerter Ruhe begonnen, dann sind Sie gut gerüstet für die nächste Tagesphase, in der Sie Menschen begegnen, mit denen Sie zusammenarbeiten oder auf andere Art in Berührung kommen. In der Regel sind es Arbeitskollegen, Untergebene, Gleichgestellte oder Vorgesetzte.

Zu den einen haben Sie vielleicht einen guten Kontakt, zu anderen weniger und wieder andere mögen Sie vielleicht gar nicht. Und weil Sie bestimmte Personen nicht in Ihr Herz geschlossen haben, lehnen diese auch Sie ab, ein ganz natürlicher Echo-Effekt, der sich zu einer Negativspirale entwickeln muß. So können Sie Ihre Seele wundscheuern und Ihre Gemütsruhe verlieren.

Psychoterror am Arbeitsplatz

Erst vor kurzem las ich im „Stern“ einen Bericht über Psychoterror am Arbeitsplatz, an dem nicht wenige Menschen zerbrechen. Da wird nicht gegeizt mit brutaler Hemdsärmeligkeit, mit Verleumdung und Intrigen, vor allem dann, wenn es um die persönliche Karriere und den eigenen Vorteil geht. Doch nicht nur dann. Oft genug wird die Kollegin bzw. der Kollege nur aus Jux und Tollerei, d.h. ohne ersichtlichen Grund geärgert und fertiggemacht. Opfer sind gewöhnlich diejenigen, die sich nicht zu wehren wissen.

Sollten Sie sich in einer derartigen Situation befinden, dann werden Sie eine freie Glückswahl wahrscheinlich für eine schöne Utopie halten. Sie sehen sich einer feindseligen, spottwütigen, ja sadistischen Umgebung ausgesetzt, in der die Stärkeren ein grausames Spiel mit den Schwächeren treiben. Wie kann man unter solchen Umständen Glück noch frei wählen?

Der Aggression begegnen

Zunächst ist zu sagen, daß man sehr viel kann, wenn man es nur ernsthaft will. Zum Wollen gehört neben der Motivation die richtige Methode, der richtige Weg, das gesetzte Ziel anzugehen. Und Wege tun sich in unserem Leben immer auf, wenn wir sie nur suchen.

Hier verschiedene Lösungsvorschläge:

Freundlichkeit

Sehen Sie sich Schikanen von Vorgesetzten oder Kollegen ausgesetzt, dann versuchen Sie es zunächst einmal mit Freundlichkeit. Entwaffnen und beschämen Sie den Angreifer mit einem herzlichen Lächeln, mit einer netten Geste oder freundlichen Worten.

Humor

Begegnen Sie dem gehässigen Mitarbeiter mit Humor, und zeigen Sie auf keinen Fall Ihre Verärgerung oder gar innere Betroffenheit!

Keine Überreaktion

Reagieren Sie nicht mit Überempfindlichkeit oder Gefühlsausbrüchen auf die Attacken des Gegners, sondern bewahren Sie die Kühle des Herzens und des Geistes. Emotionale Überreaktionen machen solche Sadisten nur angriffslustiger und Sie selbst nur schutzloser, weil Sie in dieser emotionsgeladenen Situation meist blindlings und ziellos um sich schlagen.

Ignorieren

Sie können auch versuchen, die Manöver des Aggressors zu ignorieren. Mit der Zeit laufen sich die Sticheleien tot, weil sie scheinbar nicht ins Ziel treffen. Schotten Sie sich innerlich ab, lassen Sie nichts eindringen und tun Sie so, als berühre Sie das dumme Geschwätz nicht.

Gegenoffensive mit kühlem Kopf

Nützt das alles nichts, bleibt Ihnen noch der Gegenschlag. Wenn Sie mit kühlem Kopf die Taktik und den Charakter des Kontrahenten studiert haben, kennen Sie auch dessen Schwachstellen. Auf diese zielen Sie bei Ihrem Gegenangriff ab. Ist der Widerwärtige beispielsweise jähzornig, bringen Sie ihn am ehesten aus der Fassung, wenn Sie mit cooler Gelassenheit auf seine Ausbrüche antworten. Ist er ein Intrigant, der Sie hinter Ihrem Rükken schlechtmacht, so stellen Sie ihn vor versammelter Mannschaft zur Rede und zeigen Sie mit konkreten Aussagen seine Hinterhältigkeit auf.

Dieser Weg muß der letzte Ausweg sein, wenn wirklich alle anderen Mittel versagt haben. Die Folgen können zweierlei sein: Die harte Gangart kann dazu führen, Ihren Kampfgeist und Ihren Selbstbehauptungswillen zu stärken und dem Widersacher ein für allemal die Lust an erneuten Angriffen zu nehmen. Sie kann aber auch unüberbrückbare Gräben aufreißen, die ein Zusammenarbeiten oder bloßes Zusammensein zur Hölle werden lassen und damit Glücklichsein verhindern. Meistens zieht eine Häßlichkeit eine andere nach sich und setzt damit ein Teufelskarussell in Gang, das alle Beteiligten in den Abgrund zieht.

Offenes Gespräch

Am besten ist es, zunächst ein offenes Gespräch zu führen, in dem Sie selbstbewußt und unmißverständlich aussprechen, was Sie am anderen stört. Verletzen Sie den Gesprächspartner dabei aber nicht, sondern lassen Sie ihn sein Gesicht wahren. Bieten Sie ihm Versöhnung an oder wenigstens einen modus vivendi, eine Art Kompromiß, mit dem beide leben können.

Toleranz

Erreichen Sie auch damit nichts, dann versuchen Sie, diesen Menschen zu tolerieren, einfach so zu nehmen, wie er nun einmal ist. Halten Sie aber tunlichst Abstand von ihm! Überlegen Sie auch, was Sie in dieser schlechten Beziehung vielleicht falsch machen, und versuchen Sie sich in den anderen hineinzuversetzen: Was hat ihn dazu gebracht, daß er so aggressiv und rücksichtslos ist? Liegen die Wurzeln in der Ehe, im Aussehen, in einer harten Kindheit oder sonstigen Schicksalsschlägen?

Mitmenschliche Aspekte

Mir persönlich hilft es, wenn ich einen solchen Menschen als Geschöpf Gottes anschaue, ja als hilfloses Kind, das letztendlich orientierungslos ist und von Problemen und Schwächen geplagt wird. Ich bemühe mich, ihn unter mitmenschlichen Aspekten zu betrachten. So wird in meiner Vorstellung aus dem vermeintlichen „Ungeheuer" wieder ein menschliches Wesen, das möglicherweise größere Probleme mit sich herumschleppt als ich selbst. Verhärtungen weichen auf, Vorurteile werden abgebaut.

Verständnis

Das hört sich alles recht einfach an. In Wirklichkeit ist es schwer, den anderen auch dann zu ertragen und zu tolerieren, wenn er sich gegen einen selbst intolerant zeigt. Andererseits konnte ich wiederholt feststellen, daß es gegen Häßlichkeit, Neid, Stichelei und Ablehnung kein besseres Mittel gibt als Verständnis, Toleranz und Liebe. Sie saugen mit der Zeit das Häßliche in unseren Sozialbeziehungen auf und wandeln sie ins Gegenteil um.

Überprüfen Sie einmal ganz ehrlich, mit welcher Einstellung Sie dem Konflikt mit Arbeitskollegen und anderen Partnern gegenüberstehen. Sehen Sie die Spannungen als unerträgliche Belastung an, unter der Sie zusammenbrechen müssen, die nicht auszumerzen ist, die Ihren beruflichen Alltag massiv erschwert und Ihnen auch noch Ihr positives Lebensgefühl raubt?

Auf die Perspektive kommt es an

Jede Medaille hat zwei Seiten, jedes Objekt läßt verschiedene Perspektiven zu. Auf der Frontseite erblicken Sie die Schwierigkeiten, die scheinbar unlösbaren Probleme. Wenden Sie nun einmal die Medaille, schauen Sie das Objekt von einer anderen Warte an. Nehmen Sie folgende Perspektiven ins Visier: Welche Möglichkeiten bieten mir die zwischenmenschlichen Schwierigkeiten? Sind sie nicht wertvolle Widerstände, die meine seelische Belastungsfähigkeit stärken, meinen Blick für den Nächsten schärfen, mich reifen lassen und meine Persönlichkeitsentwicklung aktivieren?

Hilfreiche Konflikte

Sind Konflikte und Streßsituationen nicht notwendig, um von meinem satten Ich-Standpunkt abzurücken und Gewissensforschung zu betreiben? Können Auseinandersetzungen nicht hilfreich sein, Erfahrungen über konstruktive Streittechniken zu sammeln und einzuüben? Werde ich nicht veranlaßt, Selbstachtung und Achtung vor der Würde und Existenzberechtigung eines unsympathischen Mitmenschen in Einklang zu bringen?

Wenn ich solche Aspekte in den Vordergrund meines Denkens und Gemeinschaftsverhaltens rücke, entdecke ich durchaus Möglichkeiten, mein persönliches Glück frei zu wählen.

Gemeinschaft und seelisches Wohlbefinden

Ob wir es zugeben oder nicht, viel von unserem psychischen Wohlbefinden hängt von der Zustimmung bzw. Ablehnung der Gemeinschaft ab, in der wir leben. Das Urteil unserer Umwelt können wir sehr wohl beeinflussen. Wir müssen nur lernen, mit unserem Umfeld richtig umzugehen.

Der Mensch ist ein Gemeinschaftswesen. Er wird in einen sozialen Verband hineingeboren und ist von Geburt an auf Fürsorge, Zuwendung, Partnerschaft und Liebe angewiesen. Erfährt ein Kleinkind diese Liebe und Zuwendung nicht, stirbt es. Beobachtungen in Waisenhäusern vergangener Jahrhunderte, aber auch unmenschliche Experimente in der Antike und unter dem Stauferkönig Friedrich II. belegen dies eindeutig.

Gemeinschaft gestalten

Wenn die Gemeinschaft für den heranwachsenden Menschen so wichtig, ja lebensnotwendig ist, dann muß sie es auch für den Erwachsenen sein. Das bedeutet, daß wir Erwachsenen Gemeinschaft nicht nur pflegen, sondern auch gestalten müssen, um Menschsein verwirklichen und glücklich sein zu können. Wir dürfen nicht nur Forderungen an die Gemeinschaft stellen, sondern müssen auch bereit sein, selbst Aufgaben in ihr zu übernehmen. Wir können nicht nur nehmen, wir müssen auch geben. Wenn ich nur die Hand aufhalte und Almosen nehme, die mir gereicht werden, bin ich ein armseliger Bettler, ein lästiger Schmarotzer. Mit der Zeit fühle ich mich unnütz oder bin enttäuscht, weil ich einfach nicht immer bekomme, was ich mir wünsche.

Typisch für unsere westliche Wohlstandsgesellschaft ist die hohe Selbstmordrate. Die meisten bringen sich nicht aus Verzweiflung über eine unerwartete Katastrophe um, sondern deshalb, weil sie zu satt sind und in ihrem Leben keinen Sinn mehr sehen. Sie erkennen ihn deshalb nicht mehr, weil sie sich auf die eigene Person zurückgezogen haben, weil sie nur noch die eigenen Interessen und Probleme sehen, weil sie permanent gegen das Naturgesetz der Mitmenschlichkeit verstoßen.

Carl Gustav Jung

Der große Psychoanalytiker Carl Gustav Jung hatte im Laufe seiner therapeutischen Tätigkeit festgestellt, daß ca. ein Drittel seiner Patienten ihr Leben für sinnlos und leer hielt. Ähnliche Beobachtungen machte auch

Alfred Adler

Jungs Kollege Alfred Adler. Beide stellten übereinstimmend fest, daß dieses Gefühl der Sinnlosigkeit oft durch soziale Kontaktstörungen hervorgerufen wird. Jung empfiehlt seinen Patienten, ein ehrliches Interesse für die täglich begegnenden Mitmenschen zu zeigen.

Adler, der erkannt hatte: „Einer Krankheit liegt manchmal ein Mangel an sozialem Gefühl zugrunde", versprach seinen Patienten, die unter Depression und Trübsinn litten, binnen 14 Tagen Heilung. Sein Rezept: „Suchen Sie jeden Tag etwas ausfindig zu machen, wodurch Sie Menschen eine Freude bereiten können!"

Nächstenliebe als Therapie

Und in der Tat: nach kurzer Zeit stellte Adler bereits eine grundlegende Verbesserung der Gemütsverfassung seiner Klienten fest.

Während ihrer karitativen Tätigkeiten hatten diese wahrscheinlich zum ersten Mal in ihrem Leben mehr oder weniger bewußt ihre Verantwortung für ihren Nächsten entdeckt. Sie erlebten sich endlich einmal als Schenkende, als Wesen, die ihrer sozialen Uranlage gerecht werden. Sie merkten plötzlich, daß sie zu etwas nütze sind, ja gebraucht werden. Und sie entdeckten wieder ein Ziel, für das sich zu leben lohnt. Sie sahen endlich Sinn in ihrem Leben, von dem später noch die Rede sein wird.

Ziel und Sinn finden

Sinnlosigkeit, das Gefühl der Leere und die daraus erwachsende Depression gedeihen am besten im Saatbeet der Ichgefangenheit. Gerade unsere Zeit, in der Selbstverwirklichung, Emanzipation und Individualität so hoch bewertet werden, ist anfällig dafür. Ein schlagender Beweis für den Rückgang aus der Verantwortung für die Gemeinschaft ist die erschreckende Abnahme des ehrenamtlichen Engagements in Vereinen und Verbänden. Wer will noch etwas für den anderen tun, und das auch noch umsonst?

Doch gerade darin besteht ein gutes Stück Glück. Denken wir nur an die großen Gestalten der Kirchengeschichte oder auch der heutigen Zeit. Elisabeth von Thüringen, der nach dem Tod ihres Mannes ein hartes Los zuteil wurde, bewahrte sich die innere Fröhlichkeit durch Werke der Barmherzigkeit gegenüber ihren Mitmenschen.

Mutter Teresa

Auch die Nobelpreisträgerin Mutter Teresa zählt zu denen, die ihr Glück in der tätigen Nächstenliebe finden. Sie hat ein ungemein effektives Hilfswerk mit 80000 Mitarbeitern in 67 Ländern aufgebaut mit Schulen, Krankenhäusern und Obdachlosenheimen. Diese selbstlose Wohltäterin der Menschheit begründet ihre Motive so: „Wir alle sehnen uns nach der ewigen Glückseligkeit mit Gott, doch es liegt in unserer Kraft, schon jetzt diese Seligkeit zu erfahren – in eben diesem Augenblick mit Gott glücklich zu sein. Jetzt glücklich sein heißt: lieben, wie er liebt; helfen, wie er hilft; geben, wie er gibt; dienen, wie er dient; retten, wie er rettet."

Glück durch Güte

An ihre Mitschwestern hat sie folgende Losung ausgegeben: „Seid freundlich und barmherzig. Laßt keinen zu euch kommen, der nicht besser und glücklicher wieder geht. Seid ein lebendiges Zeichen der Güte Gottes: Güte in euerem Gesicht, Güte in eueren Augen, Güte in euerem Lächeln, Güte in euerem herzlichen Gruß. In den Slums sind wir das Licht der Güte Gottes für die Armen. Den Kindern, den Armen, allen, die leiden und einsam sind, gebt immer ein gütiges Lächeln. Schenkt ihnen nicht nur eure Fürsorge, gebt ihnen auch euer Herz!"

Positive Wirkungen der mitmenschlichen Zuwendung

Die gütige Zuwendung zum anderen, die aktive Anteilnahme am Leben der Gemeinschaft überwinden nicht nur Sinnlosigkeit, Selbstisolation und Leere. Sie hat auch weitere positive Auswirkungen:

Sie verabsolutieren nicht mehr Ihre eigenen Probleme, weil Sie lernen, die Schwierigkeiten des Nachbarn wahrzunehmen und in ihren Folgen zu begreifen. Im Vergleich damit relativieren sich möglicherweise Ihre eigenen Sorgen, und Sie verfallen gar nicht erst in Selbstmitleid.

Vielleicht gibt Ihnen das Beispiel eines Leidensgefährten Anregung und Mut, ein ähnliches oder gleiches Problem (z. B. eine Sucht, eine körperliche Krankheit oder der Tod des Lebenspartners) in den Griff zu bekommen. Die Gemeinschaft ist in meinen Augen die Ursache für die hohe Effizienz und positive Wirkung von Selbsthilfegruppen, etwa der Anonymen Alkoholiker, der Alleinerziehenden oder der Rheumaliga.

Wenn Sie bereit sind zu geben, können Sie ganz sicher auch auf die Hilfe Ihrer Mitmenschen zählen. Achten Sie ab sofort einmal bewußt auf dieses soziale Gesetz, das freilich immer wieder durch Ausnahmen bestätigt wird!

Bilanz

Wir sind in der Lage, unser eigenes Glück selbst zu wählen. Dazu bedarf es selbstverständlich des regelmäßigen Trainings.

Programmieren Sie sich bereits vor dem Aufstehen auf Harmonie und Glück durch Entspannung und positive Perspektiven.

Lassen Sie sich von Arbeitskollegen nicht unnötig provozieren, sondern begegnen Sie solchen Boshaftigkeiten mit charakterlicher Überlegenheit, mit Humor, Freundlichkeit, Verständnis und Toleranz, im Extremfall aber auch mit einem kämpferischen Gegenangriff.

Wenn ein fruchtbares Gemeinschaftsleben nicht mehr möglich ist, verfallen Sie nicht in Resignation, sondern ziehen Sie das Gesetz des Handelns an sich, d.h., suchen Sie Alternativen.

Betrachten Sie alle Schwierigkeiten, die sich Ihnen in den Weg stellen, als Herausforderung, aber auch als Chance, Ihrem Leben eine glückliche Wende zu geben.

Weil der Mensch ein Gemeinschaftswesen ist, findet er im Dienst an der Gemeinschaft nicht nur seine ureigene Bestätigung, er findet in ihr auch Rückhalt, Eigengewinn, Lebenssinn, Lebensinhalt und damit Zufriedenheit, sprich Glück.

Gedanken steuern das Glück

„Das Glück deines Lebens hängt von der Beschaffenheit deiner Gedanken ab."
(Marc Aurel)

Die fundamentale Bedeutung des Denkens für unsere menschliche Existenz hat der französische Philosoph René Descartes in einem Satz zusammengefaßt: „Ich denke, also bin ich" (Cogito, ergo sum).

Ich bin, was ich denke

Für unser Thema könnte man seine These umwandeln in: „Ich bin, was ich denke." Das heißt also: Denke ich zufrieden, bin ich zufrieden. Denke ich erfolgreich, bin ich erfolgreich. Denke ich großzügig, bin ich großzügig. Denke ich friedlich, bin ich friedlich. Denke ich zaghaft, bin ich zaghaft. Denke ich gut, bin ich gut. Denke ich schlecht, bin ich schlecht... Vom Denken hängen Lebensgestaltung, Erfolg oder Mißerfolg, Gesundheit oder Krankheit, Glück oder Unglück in erster Linie ab. Das Schicksal des einzelnen Menschen wird hauptsächlich von seinem Denken bestimmt.

Denken ist schöpferisch

Denken ist eine schöpferische Kraft. Es kann erfinden, steuern, aufbauen und zerstören. Denken kann vorwärts, seitlich oder rückwärts blicken, kann abwägen, kombinieren, analysieren und vieles mehr.

Vor allem kann Denken bewegen und dirigieren, kann Einstellungen zeugen und Ziele setzen. Denken macht frei oder unfrei, unabhängig oder abhängig, ausgeglichen oder unausgeglichen, altruistisch oder egoistisch, gönnerhaft oder neidisch, zufrieden oder unzufrieden.

Gedanken können bejahen oder verneinen, sie können offen sein oder sich verschließen, können erhellen oder verdüstern, können Frieden stiften oder Unfrieden und Haß säen.

Gedanken haben Flügel

Gedanken sind unabhängig von Raum und Zeit und haben daher Flügel. Sie können sich dort niederlassen, wohin ich sie lenke: auf Vergangenheit, Gegenwart oder Zukunft, auf Harmonie, Ruhe und Zufriedenheit oder auf Gier, Rastlosigkeit und Unzufriedenheit, auf körperliche oder geistige Regionen, auf Gesundheit oder Krankheit. Sie sind in hohem Maße verantwortlich für unser körperliches und seelisches Wohlbefinden und entscheiden letztlich darüber, ob wir uns glücklich fühlen oder nicht.

Wahrscheinlich haben die meisten von uns noch gar nicht begriffen, welch ungeheure Potenz (im Guten wie im Schlechten) unser Denken besitzt. Ich kann mich durch mein Denken von Sorgen und Leiden befreien oder aus meinem Leben einen einzigen Kummerkasten zimmern. Ich kann denken: „Das schaffe ich schon. Das stehe ich durch. Es wird gelingen." Oder gedanklich aufgeben: „Das schaffe ich nie! Das stehe ich nicht durch. Das übersteigt meine Kräfte."

Gedanken sind mächtig

Dale Carnegie spricht in seinem Buch „Sorge dich nicht, lebe!" aus Erfahrung: „Nachdem ich 35 Jahre damit verbracht habe, Erwachsene zu unterrichten, weiß ich, daß der Mensch Angst, Sorge und verschiedene Krankheiten vertreiben und sein Leben umwandeln kann, indem er andere Gedanken in sich großzieht. Ich weiß es! Ich weiß es!!! Hunderte von Malen habe ich gesehen, wie solch unerhörte Verwandlungen sich ereigneten."

Gedanken sind es also, die unseren Lebensweg bestimmen und aus der subjektiven Perspektive eine objektive Lebenswirklichkeit schaffen. Sie sind deshalb so mächtig, weil sie die verdeckten Schichten in uns, das Halb-, Unter- und Unbewußtsein beeinflussen und zu einer ungeahnten Kraftentfaltung führen können. Wir machen uns diese Tatsache nur viel zu selten bewußt!

Kettenreaktion durch Gedanken

Welche Kettenreaktionen Gedanken auslösen können, beschreibt James Lane Allen: „Wenn ein Mensch seine Gedanken über Menschen und Dinge ändert, wird er finden, daß sich Dinge und Menschen auch ihm gegenüber ändern, und er wird erstaunen ob der schnellen Wandlung, die alsbald in den äußeren Umständen seines Lebens eintreten wird... Wenn er seinen Gedanken einen höheren Inhalt gibt, dann kann der Mensch nicht anders als selbst einen Aufstieg nehmen, Schwierigkeiten meistern und etwas leisten. Sträubt er sich aber, sein Denken auf eine höhere Ebene zu heben, so kann er nur schwach, elend und unglücklich bleiben."

Wenn sich ein Mensch gedanklich auf Erfolg einstimmt, wird er erfolgreich sein. Wenn er sich auf Zweifel einläßt, ist sein Vorhaben in höchstem Maße gefährdet. Wenn er sich für einen Versager hält, wird er ein Versager werden.

„Das kann ich nicht"

In meinem Beruf beobachte ich immer wieder Schülerinnen und Schüler, die versagen, weil sie ihren Mißerfolg vordenken. Der Satz „Das kann ich nicht" ist bei mir verpönt. Seit über zwei Jahrzehnten versuche ich, den Kindern und Jugendlichen diese zerstörerische Selbstbeeinflussung zu nehmen, indem ich die positive Formel „Das schaffst du schon!" entgegensetze.

In kleinen Schritten und mit stetiger Bestätigung konnte ich so manchen zu der inneren Überzeugung bewegen: „Ich schaffe das!" Mit eigenen Augen habe ich schließlich mitverfolgt, wie die Leistungen des motivierten Kindes anstiegen und damit auch das Selbstbewußtsein wuchs. Der Brief einer dankbaren Mutter bestätigt dies. Hier ein Auszug:

Brief einer Mutter

„Sehr geehrter Herr Reichl, ich möchte einen Moment der Ruhe in all dem weihnachtlichen Trubel nutzen und Ihnen ganz von Herzen danken, wie Sie sich unseres Sohnes Sven angenommen haben. Voller Begeisterung folgt er Ihrem Rat und lernt begierig, was Sie den Kindern als Vorbereitung fürs Leben mitgeben.

Sven ist in den letzten Monaten wieder voller Optimismus, was die Schule, seine weitere Ausbildung und überhaupt seine Zukunft betreffen. Welch ein Unterschied zu der Anfangszeit im Internat!

Selbstbewußtsein

Wir sind so glücklich, daß Sven sein Selbstbewußtsein wiedergefunden hat und er sich in der Schul- und Internatsgemeinschaft so prima zurechtfindet... Wir sind stolz auf Sven, daß er das alles so positiv erlebt und so verantwortungsbewußt selbständig ist... Ich glaube, es ist uns trotz der großen Entfernung und der nur kurzen Besuche am Wochenende gelungen, einen vertrauensvollen und innigen Kontakt zu bewahren, und das nicht zuletzt, weil Sie durch Ihren Unterricht Sven haben erfahren lassen, daß er doch etwas kann, wenn er nur will... So habe ich mein Weihnachtsgeschenk schon im voraus bekommen, indem ich beobachte, wie aus dem schulgeplagten Sven wieder unser Sonnenscheinchen von vor der Schulzeit wird, fröhlich, kreativ, kontaktfreudig, hilfsbereit und selbstbewußt..."

Bei allem Selbstbewußtsein ist die günstige Persönlichkeitsentwicklung des Jungen nicht mein, sondern sein Verdienst. Sven war im Alter zwischen 13 und 15 Jahren mein Schüler. Er hatte begriffen, daß der Erfolg dann eintreten muß, wenn er sein Denken auf die vorhandenen

Fähigkeiten konzentriert und wenn er fest an den Erfolg glaubt. Meine Tätigkeit bestand lediglich darin, ihn auf diesen Zusammenhang aufmerksam zu machen und ihn in seinen Fortschritten immer wieder zu bestätigen.

Positive reinforcement

Gerade die Bestätigung ist ein wichtiger Faktor in der Fremd- und Selbsterziehung. Die Methode der positiven Rückmeldung (postive reinforcement) spielt in der Lernpsychologie ebenso eine Rolle wie im täglichen Leben. Wenn beispielsweise kleine Erfolge und Fortschritte eines bestimmten Verhaltens (etwa Vokabeln lernen) konsequent mit Lob oder sonstiger Belohnung beantwortet werden, wird dieses Verhalten verstärkt. Dadurch wächst nicht nur die Motivation, sondern auch das Selbstbewußtsein. Die Erfolge sind teilweise frappierend.

Eigenlob

Die Bestätigung muß nicht nur von außen, von der Umwelt kommen. Wichtig ist auch das vielgeschmähte Eigenlob. Klopfen Sie sich selbst auf die Schulter, wenn Ihnen etwas gelungen ist, und sei es auch nur ein kleiner Teilerfolg. Freuen Sie sich doch einmal als starker Raucher, wenn Sie einen ganzen Tag ohne Zigaretten überstanden haben. Sparen Sie nicht mit Eigenlob, wenn Sie einmal Ihren Jähzorn unterdrückt oder aber den Mut aufgebracht haben, ungeschminkt ihre Meinung zu sagen. Mit der Zeit wird bei entsprechender bewußter Eigenbestätigung aus dem Einzelerfolg ein Dauererfolg, der das Selbstwert- und damit das Glücksgefühl steigert.

Umgekehrt kann negatives Denken in allen menschlichen Bereichen schwere Schäden anrichten, nicht nur auf geistig-seelischer Ebene, sondern auch im körperlichen Bereich.

Falsches Denken fördert Krankheiten

Ich kenne einen Mann, der 55 Jahre alt ist. Er lebt gesund, raucht und trinkt nicht, achtet auf körperliche Bewegung und tut alles Erdenkliche für sein körperliches Wohlergehen. Die familiären, beruflichen und sozialen Verhältnisse sind ebenfalls stabil und günstig. Dennoch hat dieser Mann schon einen Herzinfarkt hinter sich. Er ist von einer derart panischen Angst befallen, einen zweiten Anfall zu erleiden, daß er inzwischen berufsunfähig und Frührentner wurde. Sein ganzes Denken konzentriert sich auf seine Krankheit bzw. auf die Angst vor einem Rückfall, der seiner Meinung nach tödlich verlaufen müsse, weil sein Vater auch beim zweiten Herzinfarkt gestorben war.

In diesem konkreten Fall, der sicher keine Ausnahme ist, geht destruktives Denken eine verhängnisvolle Koalition mit dem Unter- und Unbewußtsein ein. Es löst damit eine negative Gefühlseinstellung aus und erzeugt oder beschleunigt so physische Verfallserscheinungen.

Falsches Denken

Paul Brunton, ein großer Kenner des Buddhismus, behauptet daher zu Recht: „Nur in unserem Bewußtsein entstehen Sorgen und Leiden." Es gelte daher, dem falschen Denken zu entsagen.

Es ist wissenschaftlich erwiesen, daß Menschen mit einer verneinenden, pessimistischen Grundeinstellung für Krankheiten aller Art, auch für Infektionskrankheiten, wesentlich anfälliger sind als Optimisten.

Die unglaubliche Einflußnahme unseres Denkens auf eine Krankheit bestätigt der amerikanische Arzt und Gesundheitslehrer Robert G. Jackson in seinem Werk „Nie wieder krank sein". Er glaubt, daß nicht die Bakterien primäre Ursache einer Krankheit sind, sondern der Mensch mit seiner Einstellung: „Die innere, selbstgeschaffene, gewohnheitsverursachende Verfassung muß vorher vorhanden sein, denn ohne sie sind Bakterien machtlos, eine Krankheit hervorzurufen. Wäre es anders, so müßten wir alle ununterbrochen mit diesen Krankheitserregern in Verbindung stehen.

„Lebendige Widerstandskraft"

Wenn wir also ständig mit Bakterien in Berührung kommen und doch als Einzelwesen verhältnismäßig selten erkranken – ist dann nicht klar, daß hier noch ein stärkerer Faktor als die Bakterien im Spiel sein muß, etwas, das die Bakterien erfolgreich bekämpft und die Krankheit verhütet?"

Jackson nennt diesen Faktor „lebendige Widerstandskraft" und meint damit eine geistige Einstellung, einen inneren Vorgang, der in die Tiefenschichten des Menschen eindringt, die Gefühlswelt aktiviert und dadurch körperliche Reaktionen auslöst.

Bewußtseinsvorgänge wirken sich natürlich auch im seelischen Bereich aus. Damit unser Verhalten durch unser Denken gesteuert werden kann, müssen wir unsere Gedanken offenlegen und dürfen sie nicht in das Reich des Unterbewußtseins abschieben. Auch die negativen Gedanken dürfen wir nicht verdrängen oder die Ängste, denen wir täglich ausgesetzt sind.

Hinschauen, nicht wegschauen

Der bekannte Schweizer Psychiater Peter Lauster rät: „Die Konfrontation mit den bösen Seiten der Seele, mit den negativen Gefühlen ist wichtig, damit wir sie verarbeiten können. Verarbeiten heißt nicht verdrängen, verleugnen oder übertünchen, sondern sich stellen, der Wahrheit ins Gesicht sehen... Der erste Schritt auf dem Weg in den Zustand der schwer mit Worten beschreibbaren seelischen Freiheit von Angst besteht aus dem Hinschauen auf die seelischen Regungen und Empfindungen."

„Wanderung in die Freiheit"

Aus reicher Erfahrung weiß Lauster, daß die meisten Menschen nicht hin-, sondern wegschauen. Es ist in der Tat nicht leicht, auf impulsive Gefühle wie Wut, Neid, Angst oder Scham zu schauen und sie anzunehmen. Gerade am Beginn der Selbstbeobachtung ist dies besonders schwer. Lauster gibt daher folgenden Rat: „Eine gute Hilfe besteht am Anfang darin, das Beobachtete aufzuschreiben. Ihre Wut oder Angst können Sie zum Beispiel in einem Tagebuch mit dem Titel ‚Wanderung in die Freiheit' niederschreiben, wie eine Stimmungsbeschreibung über einen Sonnenuntergang.

Das Hinschauen bezieht sich sowohl auf alle negativen Regungen wie Neid, Eifersucht, Haß, sadistische Wünsche, Habgier, Konkurrenzdenken, Destruktion, als auch auf die positiven Empfindungen wie Liebe, Freude, Glück. Durch das Hinschauen wird den seelischen Regungen das Unheimliche genommen. Die negativen Gefühle, die man normalerweise nicht wahrhaben möchte, werden dadurch, daß man sie betrachtet, realer, unschädlicher, die positiven Gefühle wie Liebe und Freude werden dagegen intensiviert."

Nicht verurteilen

Hinschauen bedeutet sehen, wahrnehmen, zur Kenntnis nehmen. Wenn wir an uns schlechte Eigenschaften wie Jähzorn, Intoleranz oder Labilität feststellen, neigen wir in der Regel dazu, diese zu werten, zu bewerten oder auch zu verurteilen. Gerade das aber sollen wir beim Hinschauen nicht tun. Wir sollen unsere Negativseiten einfach ohne Wertung und ohne Urteil registrieren und anschließend Techniken entwickeln, diese zu verbessern oder zu beseitigen.

Beispiel Jähzorn

Ich selbst bin beispielsweise jähzornig, früher weitaus mehr als jetzt. Inzwischen bin ich ruhiger geworden. Vielleicht auch deshalb, weil ich älter geworden bin. Doch das ist sicher nicht der ausschlaggebende Grund. Ich bin mit System gegen ihn vorgegangen:

Die Schwäche beobachten und hinterfragen

Zunächst habe ich meinen Jähzorn beobachtet, vor allem die Wirkung auf meine Umwelt. Und ich habe mich nach jedem Wutausbruch fürchterlich geärgert und mir Vorwürfe gemacht, was mein Verhalten aber nicht verbesserte, sondern eher verschlechterte. Ich begann mir Gedanken darüber zu machen, warum ich eigentlich so schnell die Beherrschung verlor. Und da fand ich eine ganze Serie von Ursachen, nicht nur mein angeborenes Temperament, sondern auch andere Gründe, wie körperliche oder seelische Überbeanspruchung, ungesunde Lebensführung, Unzufriedenheit mit mir selbst, vorangegangene Meinungsverschiedenheiten, die ich dann an andere weitergab, Überspielen von Unsicherheit und vieles mehr.

Von jetzt an betrachtete ich meine Wutausbrüche unter diesen Aspekten und versuchte ganz bewußt, die Position eines neutralen Beobachters einzunehmen. Ab diesem Zeitpunkt sah ich meine Überreaktionen weniger verkrampft, ja manchmal mußte ich über meine verrückte Reaktion lächeln. Seither läßt mein Jähzorn langsam nach.

Das alles geht stufenweise vor sich, nicht von heute auf morgen. Aber es bereitet mir Freude mitzuerleben, wie ich überschäumende Gefühle allmählich in den Griff bekomme.

Durchatmen

Eine ganz primitive, aber wirksame Technik kommt mir dabei entgegen. Bevor ich loslegen will, atme ich tief durch – einmal, zweimal, dreimal – und entspanne mich, indem ich die Schultern hochziehe und entspanne, um Schultern und Arme wieder locker und gelöst herabfallen zu lassen. Oft bleibt der Wutausbruch dann aus. Habe ich mich in Zaum gehalten, lasse ich dieses Erfolgserlebnis „auf der Zunge zergehen“.

Eigenlob

Ich spende mir selbst Beifall und stelle mir bildlich sehr intensiv vor, ich sei bereits ein liebevoller, geduldiger Mensch, der sich durch nichts aus der Ruhe bringen läßt. Heute weiß ich, daß ich dieser Mensch einmal sein werde, auch wenn es jetzt noch lange nicht so weit ist. Inzwischen habe ich eingesehen, daß Ziele nur Stufe um Stufe zu erklettern sind. Allzuoft habe ich Niederlagen und Rückschläge hinnehmen müssen und dabei doch erfahren dürfen, daß der Weg nach oben führt, wenn ich nur nach oben schaue und immer wieder von neuem meine Kräfte auf ein bestimmtes Ziel ausrichte.

Ich stimme mit Ulrich Beer überein, der meint:

„Glück ist eine Qualität. Es ist auch gar nicht so sehr abhängig von dem, was wir haben, auch nicht von dem Schicksal, das wir erleiden. Menschen werden unglücklich nicht durch die Schicksale, die sie erleiden, durch die Schläge, die sie ertragen, sondern durch die Antwort, die sie darauf geben, durch die Gedanken, die sie sich zur Realität machen, durch die Einstellungen, die sie dazu entwickeln."

Bilanz

Ich bin glücklich, wenn ich denke, daß ich glücklich bin, weil meine Gedanken mein Fühlen und damit auch mein körperliches Befinden bestimmen.

Denken ist weder durch Raum noch durch Zeit begrenzt. Es hat daher ungeahnte Möglichkeiten, meine menschliche Seinsweise, die sehr wohl von Raum und Zeit abhängt, zu beeinflussen.

Richtiges Denken führt zu Erfolg und Glück, falsches Denken zieht Mißerfolge und Krankheiten an. Meine Schwächen und Ängste kann ich am besten durch wertungsfreies Hinschauen und Bewußtmachen in den Griff bekommen.

Positives Denken: Trainingssache

„Aus einer positiven Geisteshaltung entsteht die günstige Voraussetzung für festen, unerschütterlichen Glauben.“
(Napoleon Hill)

Bereits im vorangegangenen Kapitel wurde dargelegt, daß Glück im Kopf, d.h. durch unsere Gedanken entstehe. Wenn ich mich gedanklich auf das Positive konzentriere und fest an das Gute glaube, wird es schließlich eintreten. Es wird mir gelingen, was ich mir vorgenommen habe. Fixiere ich mich dagegen auf das Negative, dann wird das ebenfalls eintreten.

Pessimismus – Zeichen unserer Zeit

Sonderbarerweise sind wir eher auf das Negative ausgerichtet, sind wir mehr Pessimisten als Optimisten und erwarten im Zweifelsfall eher den ungünstigen Ausgang eines Ereignisses. Beredtes Zeugnis davon legen pessimistische, ja destruktive Perspektiven über die Zukunft der Menschheit ab, wie wir sie derzeit in Büchern, Zeitschriften und anderen Massenmedien vorfinden. Es werden förmlich Katastrophen herbeigeredet bzw. herbeigeschrieben. Wen wundert es, wenn sie dann endlich auch eintreten?

Ähnlich benimmt sich ein Autofahrer, der sich ans Steuer setzt und immer nur Gefahren und Unfallmöglichkeiten vor Augen hat. Er wird ganz sicher eher einen Unfall bauen als ein anderer, der voller Selbstvertrauen und Optimismus fährt und seine Gedanken auf die Straße konzentriert. Der Optimist bündelt seine Energie auf das Wesentliche, nämlich auf das Autolenken und nicht auf Eventualitäten.

Ebenso wird derjenige, der stets in Furcht vor Enttäuschungen durch Mitmenschen lebt, öfter enttäuscht als derjenige, der seinem Nächsten Vertrauen und Freundlichkeit entgegenbringt, dabei aber nichts Schlimmes erwartet und somit kein negatives Bild vorprogrammiert.

Günstige Wende

Um allen Entwicklungen – sei es im privaten oder öffentlichen Bereich – eine günstige Wende bzw. Richtung zu verleihen, müssen wir lernen, positiv zu denken. Das heißt:

Wir müssen an den guten Ausgang einer Angelegenheit fest glauben.

Wir müssen bei allem Bösen und Unschönen das Gute und Schöne im Leben entdecken und uns darauf konzentrieren.

Wir müssen erkennen lernen, daß es in jeder noch so ausweglos scheinenden Situation immer eine Lösungsmöglichkeit gibt.

Wir müssen aus schweren Schicksalsschlägen positive Lehren ziehen.

Wir müssen unsere Fehler und Schwächen akzeptieren und deren Bekämpfung als anspornende Aufgabe sehen, die unserem Leben Sinn und Ziel gibt.

Wir müssen unsere Mitmenschen und die übrige Umwelt annehmen, bejahen und danach streben, mit ihnen zu einer harmonischen Symbiose zu gelangen. Kurzum, wir müssen alles, was uns begegnet, vorbehaltlos annehmen und immer das Gute daran sehen, das uns glücklich machen kann.

Bejahendes Selbstbild

Positives Denken beginnt bei einem bejahenden Selbstbild. Erst wenn ich mein eigenes ICH voll akzeptiere, kann ich auch das DU bejahen. Erst wenn ich mich selbst achte, achte ich auch meinen Mitmenschen. Erst wenn ich mir gute Eigenschaften zuschreibe, tue ich das auch bei anderen. Erst wenn ich mir selbst glaube und vertraue, glaube und vertraue ich auch dem Nächsten. Erst wenn ich mir selbst verzeihe, verzeihe ich auch dem anderen. Erst wenn ich mich selbst liebe (ohne Egoist zu sein), liebe ich auch meinen Nächsten.

Das bejahende Selbstbild, die Keimzelle des positiven Denkens, hat deshalb eine so hohe Durchschlagskraft, weil der Mensch damit ein Zentrum, eine feste Basis besitzt, auf der er sein Weltbild aufbaut. Ist diese Basis aber brüchig, dann ist auch das ganze Lebensgebäude baufällig.

Nicht nach anderen schielen

Außerdem hat es ein Mensch, der sich selbst schätzt und mag, nicht nötig, seine Meinung über sich vom Urteil und Beifall seiner Umwelt abhängig zu machen. Er genügt sich sozusagen selbst und schielt nicht neidisch, eifersüchtig oder gar rachsüchtig und haßerfüllt zu seinen Mitmenschen. Dadurch spart er Kräfte, die er zur Weiterentwicklung seiner geistigen, seelischen und körperlichen Fähigkeiten verwenden kann. Das wiederum beschert ihm Erfolg und verstärkt das ohnehin schon positive Selbstbewußtsein.

Eigene Schwächen anerkennen

Ein positives Selbstbild beinhaltet auch das volle Anerkennen seiner eigenen Fehler und Schwächen. Sollten Sie labil sein, dann gestehen Sie sich ein: „Ja, ich bin labil. Wenn ich ehrlich bin, muß ich zugeben, daß ich mich leicht beeinflussen lasse; nicht nur von meiner Umwelt, sondern auch von meinen Wünschen, Begierden und Süchten."

Wenn Sie ängstlich sind, dann gestehen Sie sich ein: „Ja, ich habe Angst. Ich habe Angst vor Mitmenschen. Ich habe Angst vor Versagen. Ich habe Angst vor dem

Verlust eines Angehörigen. Ich habe Angst vor Armut, vor einer ungewissen Zukunft, vor dem Alter, vor dem Tod..."

Gestehen Sie sich diese Ängste und Schwächen ganz ehrlich ein und machen Sie sich deshalb keine Vorwürfe! Selbstanschuldigungen sind immer destruktiv, niemals konstruktiv, aufbauend oder motivierend. Sie richten sich auf das Zurückliegende und nie nach vorne, wo es tatsächlich noch etwas zu ändern gibt. Schuldgefühle belasten, verunsichern, entmutigen und blockieren schöpferische Initiativen.

Verdrängungen blockieren

Dagegen löst das ehrliche Zugeben der eigenen Negativseiten Ängste und Hemmungen und läßt die Verdrängungen in das Licht des Bewußtseins vordringen. Das unsichtbar wirkende Gift selbstzerstörerischer Verdrängungen kann jetzt nicht mehr unkontrolliert wirken. Es ist ja festgestellt worden und kann nun behandelt werden.

Entspannung und Lockerheit der Muskulatur sind unabdingbare Voraussetzungen zur Beseitigung von Angstzuständen oder sonstigen Hemmungen. Auch ein aufrechter Gang, entspannte Schultern und eine gelöste Körperhaltung tragen zu einer positiven Grundeinstellung bei.

Projektionen

Wenn Sie Ihre Angst erkannt und Ihre Schwachstellen und Fehler angenommen und anerkannt haben, wird die Gefahr herabgesetzt, daß Sie Ihre eigenen Fehler auf andere projizieren. In der Tat ist es so, daß wir schlechte Eigenschaften, die wir selbst besitzen, gerne anderen ankreiden, damit negatives Denken fördern und den Blick für die Realität verlieren.

Dagegen ist ein Denken, das andere nicht für eigene Schwächen und eigenes Fehlverhalten verantwortlich macht, nicht nur positiv, sondern auch schöpferisch. Es sucht nach Möglichkeiten, vorhandene Fehler zu korrigieren und fehlgeleitete Energien in die richtigen Bahnen zu lenken. Außerdem ist dieses Denken auch effektiver, weil es keine Kräfte durch Konfrontationen oder Fremdschuldzuweisungen verliert. Es kann sich ganz auf die eigene Persönlichkeit konzentrieren und vermag so schneller eine günstige Wandlung des eigenen Verhaltens herbeizuführen. Diese positive Wandlung bleibt natürlich auch der Umwelt nicht verborgen. Sie wird ebenso erfreulich reagieren und erhöht damit die Motivation, sich und die Welt zum Guten hin zu verändern. Innen- und Außenfaktoren helfen mit, ein Erfolgserlebnis vorzubereiten, das ganz sicher eintreten wird, wenn die bejahende Haltung beibehalten wird.

Echo-Effekt in Partnerschaft und Ehe

Weil diese Zusammenhänge nicht gesehen werden, zerreißen Freundschaftsbande, zerbrechen Partnerschaften und Ehen. Nehmen wir einmal ein (gar nicht so sehr) konstruiertes Beispiel aus dem Ehealltag: Herr S. wirft seiner Frau vor: „Du bist eine unverbesserliche Egoistin. Ich muß immer nach deiner Pfeife tanzen. Tue ich das nicht, gibt es nur Streit. Wenn du deine Ruhe haben willst, darf dich niemand stören. Aber wenn ich ungestört sein will, fällst du prompt über mich her! Na ja, kein Wunder, schließlich bist und bleibst du ein Einzelkind."

Die Reaktion der Ehefrau ist vorprogrammiert. Heulend und wütend stürzt sie aus dem Zimmer. Der Haussegen hängt wieder einmal schief. Mehrere Tage eisiges Schweigen, feindliche Blicke, Distanz.

Die Vorwürfe des Mannes haben zu keiner Besserung des angeblichen Egoismus seiner Frau geführt, im Gegenteil: die Fronten sind verhärtet.

Eigenes Verhalten überdenken

Der Ehemann hört nicht auf, weiter zu attackieren, muß aber schließlich feststellen, daß er nur tiefere Gräben aufreißt. Nun beginnt er nachzudenken – vor allem über sich selbst und über sein eigenes Verhalten. Dabei dämmert ihm, daß er mindestens ebenso egoistisch handelt wie seine Frau: Er geht zum Stammtisch, wenn er will, zum Fußballspiel, wenn er will, und begehrt sexuellen Kontakt, wenn er Lust dazu hat. Auf seine Frau nimmt er dabei keinerlei Rücksicht. Diese Erkenntnis löst ein Umdenken aus. Herr S. hat bemerkt, daß er den Hauptfehler, den er an seiner Partnerin bemängelt, selbst begeht.

Auf die Interessen des Partners eingehen

Er sieht seinen Fehler nicht nur ein, er nimmt ihn auch als Gegebenheit hin, die es zu ändern gilt. Er stellt sein Verhalten um und geht ab sofort bewußter auf die Interessen seiner Gattin ein, sucht ihre geheimen Wünsche zu ergründen. Er läßt sich in seinen Bemühungen nicht mehr von Schuldzuweisungen und Projektionen ablenken, sondern konzentriert seine ganze Energie auf die Hinwendung zum Du und entdeckt dabei immer mehr die guten Eigenschaften seiner Frau.

Das bleibt der Gemahlin nicht lange verborgen. Nun fängt auch sie an, sich mehr an den Erwartungen ihres Mannes zu orientieren. Mit diesen Bemühungen, die für beide ganz deutliche Signale aussenden, verstärken sie ihr Verhalten positiv und finden immer mehr Gefallen daran, dem anderen einen Wunsch zu erfüllen.

Durch die gegenseitige Zuwendung und Anerkennung werden sie so günstig motiviert, daß sie ohne Kraftanstrengung ihren Selbstbezug ablegen.

Das Beste daraus machen

Positiv denken heißt auch, mit widrigen Umständen und Ereignissen des Lebens fertig zu werden, heißt aus dem vermeintlich Schlimmsten das Beste machen. So wie jede Münze zwei Seiten hat, gibt es im Leben immer zwei oder noch mehr Alternativen, von denen sie eine für Ihr Glück auswählen können. Sie müssen nur lernen, beide Seiten der Medaille zu betrachten. Die im Moment schmerzlich wahrnehmbare Schattenseite ist objektiv da (z.B. eine Krankheit), und Sie sehen diese zunächst als schlimmes Übel an. Sobald Sie aber in der Lage sind, hinter dem vordergründigen Leid die andere Seite zu entdecken, werden Sie jede Schwierigkeit, jeden Schicksalsschlag in Ihrem Leben nicht nur bewältigen, sondern auch zum Aufbau Ihres Glücksgebäudes verwenden können.

Am Licht orientieren

Positives Denken verschließt die Augen nicht vor dem Häßlichen und Unvollkommenen des menschlichen Lebens. Es bleibt aber auch nicht daran haften, sondern fliegt frei wie ein Vogel darüber weg. Positives Denken orientiert sich am Licht, nicht an der Dunkelheit, erfreut sich an der Schönheit der Schöpfung, sieht die Natur mit all ihren Farb- und Lichtschattierungen, mit ihrer Form- und Artenvielfalt, mit ihrer schweigenden Pracht, mit ihrem gelassenen Werden, Vergehen und Wiederkommen, mit ihrer mühelosen Hartnäckigkeit und dem unerschütterlichen Lebenswillen.

Positives Denken glaubt an die Macht und Durchschlagskraft des Guten und weiß, daß letztendlich das Gute dem Bösen überlegen ist. Es nimmt unabänderliche Dinge wie Tod oder fortschreitendes Altern gelassen hin und versucht, Dinge, die sich ändern lassen, zu ändern.

Unerschütterlicher Glaube

Vor allem aber ist positives Denken unerschütterlicher Glaube an die Weisheit und Gerechtigkeit Gottes, aber auch Vertrauen auf die eigenen Kräfte.

Schöne Worte sind das, werden Sie jetzt vielleicht denken, besonders dann, wenn Sie sich nicht auf der Sonnenseite des Lebens sehen. Vielleicht drücken Sie finanzielle Sorgen, vielleicht klappt es in der Ehe nicht mehr richtig, vielleicht haben Sie Probleme mit Kindern oder Arbeitskollegen oder auch Schwierigkeiten im Beruf. Vielleicht sind Sie im Moment, in dem Sie diese Zeilen lesen, deprimiert und haben die Lust am Leben verloren.

Stolpersteine wegräumen

Natürlich, es liegen viele Stolpersteine auf unserem Lebenspfad herum. Sie können plump und tolpatschig darüber stolpern oder aber die Steine aufheben und aus dem Weg räumen.

Wir haben bereits festgestellt, daß es immer Mittel und Möglichkeiten gibt, Schwierigkeiten aus der Welt zu schaffen, wenn man optimistisch und tatendurstig nach vorne schaut. Nur der wehmütige Blick zurück bewegt nichts, verhindert die Sicht und läßt Sie dann tatsächlich ins Stolpern geraten.

Positives Denken ist konstruktiv und findet Wege, Lebenskrisen eine günstige Wende zu geben. Für mich besteht der Sinn des Lebens auch darin, mit dem Schicksal fertig zu werden, zu kämpfen, die Bewährungsprobe Leben zu bestehen, Unabänderliches gelassen und demütig anzunehmen, die Hoffnung nie aufzugeben und trotz aller Widrigkeiten zu vertrauen – auf Gott, auf sich selbst und auf den Mitmenschen.

Der Kampf allein ist ein Erfolg

Der Kampf um Leben und Überleben *allein* ist schon ein Erfolg, zeigt er doch, daß noch genügend Energie vorhanden ist, sich wieder aufzurichten. Beweist er doch, daß Sie sich noch nicht aufgegeben haben, daß Sie den festen Willen besitzen, den Schicksalsschlag nicht als Niederlage anzuerkennen, sondern in einen Sieg umzuwandeln. Machen Sie sich in solchen Lebensphasen immer wieder bewußt, daß Leben ohne Leid, Rückschläge und Kampf unrealistisch und zudem eintönig und unproduktiv wäre. Jeder Mensch benötigt Streß, Mißerfolge und Niederlagen, um nicht übermütig zu werden und seelische Kräfte im Training zu halten.

Negatives in Positives wandeln

So können negative Erlebnisse in positive Lebenserfahrungen umgemünzt werden, die uns aus einer gewissen Naivität und Unreife herausführen und zu reifen Persönlichkeiten wachsen lassen. Nur ein leidgeprüfter Mensch versteht die Leiden, Sorgen und Ängste seiner Mitmenschen. Dadurch werden Hilfsbereitschaft, Toleranz und Liebe zum Mitmenschen geweckt und gestärkt.

Wenn Sie den ersten Schicksalsschlag überstanden und verarbeitet haben, wird Sie der nächste schon nicht mehr so hart treffen, weil Sie bereits Abwehrkräfte gesammelt haben. Mit Sicherheit haben Sie festgestellt, wieviel Energie in Ihnen steckt, wenn Sie in den schweren Stunden Ihres Lebens nach vorne blicken, sich konkrete Ziele setzen und nach Sinn suchen. Sie werden dann nicht untergehen, sondern alle schlimmen Situationen meistern.

Ziele und Lebensfreude

Heinz Ryborz schreibt in seinem Begleitheft zur Tonbandcassette „Freude und Begeisterung durch positives Denken“: „Wenn wir ein Ziel vor Augen haben, erzeugt es in uns solche Lebensfreude und Begeisterung, daß wir uns entschließen, etwas zu tun. Es erweckt in uns Tatkraft, und diese erzeugt Energie, die letztlich zur erwünschten Leistung führt. Mit dieser Leistung erreichen wir schließlich das gesteckte Ziel.“

Bilanz

Positives Denken sieht immer Zukunft und Hoffnung, glaubt stets an den guten Ausgang einer Sache, spürt immer Lösungsmöglichkeiten auf, bejaht und nimmt an, was auf einen zukommt, sucht Harmonie zwischen eigener Person und den Mitmenschen.

Positives Denken geht von einem bejahenden Selbstbild aus und akzeptiert eigene Schwächen und Fehler ohne Selbstvorwürfe.

Positives Denken sieht immer mindestens zwei Seiten und vermag hinter schwerem Leid stets etwas Gutes und Heilsames zu entdecken.

Positives Denken nimmt Unabänderliches hin, räumt Stolpersteine aus dem Weg und sucht stets Alternativen.

Positives Denken schöpft aus einer klaren, nach vorne gerichteten Zielsetzung Lebensfreude, Begeisterung und Energie.

Jeder Tag bedeutet ein neues Leben

„Über Vergangenes
mache dir keine Sorge,
dem Kommenden
wende dich zu!"
(Tseng Kuang)

Unser Leben ist eine lange Treppe, die nach oben zum Glück oder nach unten ins Unglück führen kann. Will ich auf dem Weg nach oben (zum Glück) nicht straucheln oder gar herunterstürzen, muß ich behutsam Stufe für Stufe erklimmen. Jede dieser Stufen heißt HEUTE. Erst wenn ich die HEUTE-Stufe erstiegen habe, kann ich den Fuß auf die nächste Stiege setzen; und die heißt wieder HEUTE.

Jeder Tag – ein neues Leben

Der bereits zitierte Dale Carnegie beschreibt das Schicksal einer seiner Klienten, einer gewissen Ellis Shields. Sie hatte ihren Mann völlig unerwartet und unvorbereitet verloren. Schon bald nach dessen Tod geriet sie in große finanzielle Schwierigkeiten und trug sich mit Selbstmordgedanken. Eines Tages entdeckte sie in einem Kalender folgenden Spruch: „Für den Weisen bedeutet jeder Tag ein neues Leben." Dieser Satz wurde zur Wendemarke in ihrem Leben. Wörtlich schrieb Mrs. Shields an Carnegie: „Ich tippte mir diesen Satz ab und klebte ihn auf die Windschutzscheibe meines Wagens, so daß ich ihn ständig im Auge hatte, wenn ich fuhr. Ich fand es gar nicht so schwer, immer nur einen Tag nach dem anderen zu leben. Ich lernte, das Gestern zu vergessen und dem Morgen meine Beachtung zu schenken. Jeden Tag sagte ich mir: Heute ist ein neues Leben. Es gelang mir, meine Angst vor der Einsamkeit und vor Enttäuschung zu überwinden. Jetzt bin ich glücklich und habe einen gewissen Erfolg; ich finde das Leben schön und bin seiner froh. Ich weiß nun, daß ich nie wieder Angst haben werde, gleich, wie es das Leben einmal mit mir meint."

Der indische Dramatiker Kalidasa hat vor eineinhalb Jahrtausenden die Lebensstufe HEUTE in seinem Gedicht „Gruß an die Morgendämmerung" in lyrische Form gegossen:

„Morgendämmerung"

„Aufs Heute richte deinen Blick!
Denn es ist Leben, ja des Lebens Kern.
In seinem kurzen Fluge sind beschlossen
All deines Daseins Wahrheiten und Wirklichkeiten:
Segen des Wachstums,
Ruhm der Tat,
Glanz des Vollbringens.
Das Gestern ist ein Traum nur,
Und das Morgen ist Vision.
Das wohlgelebte Heute aber wandelt
Jedes Gestern
In einen Traum von Glück,
Macht jeden Morgen zur Vision der Hoffnung,
Drum richte fest den Blick aufs Heute!
So biet der Morgendämmerung Willkomm!"

Viele Menschen scheitern in ihrem Leben deshalb, weil sie den Blick stets rückwärts auf die Vergangenheit richten oder aber zu weit nach vorne – in eine ferne utopische Zukunft, weil sie vom Morgen und Übermorgen träumen, statt das HEUTE fest in die Hand zu nehmen. Sie malen sich ihr Ziel in bunten Farben aus und warten schon ungeduldig darauf, daß der heiße Wunsch möglichst bald erfüllt wird, ohne aber sofort einen tätigen Anfang zu setzen.

Es ist zwar grundsätzlich richtig, ja wichtig, sich ein gestecktes Ziel ganz konkret und lebendig vorzustellen. Ebenso wichtig ist aber auch die Einsicht, daß ich dem Ziel Schritt für Schritt entgegengehen muß.

Puzzle für Puzzle

Unser Leben gleicht einem Puzzlespiel. Erst wenn ich Puzzle für Puzzle in der richtigen Reihenfolge aneinanderfüge, kann ein komplettes Bild entstehen. Sobald ich ein einziges Teilchen weglasse oder die vorgegebene Anordnung nicht beachte, kann das Werk nicht vollendet werden. Auch in unserem Alltag ist das nicht anders: Erst wenn ich das Heute gemeistert habe, kann ich mich dem Morgen zuwenden. Wenn ich das Heute einfach überspringen will, werde ich eine Aufgabe niemals ganz bewältigen können, mein gestecktes Ziel nie erreichen. Der Weg zum Ziel führt immer über das Jetzt, über das HEUTE.

Wie oft ertappte ich mich in früheren Zeiten dabei, daß ich unangenehme Dinge vor mich herschob und damit wertvolle Zeit und Energie vergeudete. Immer dann, wenn ich an eine wichtige Sache nicht herangehen wollte (z.B. Aufsatz korrigieren), suchte ich mir eine Ersatzbeschäftigung (z.B. Lesen, Gartenarbeit etc.). Mein Aufsatz aber blieb liegen. Wenn ich die unbearbeiteten Blätter auf meinem Schreibtisch entdeckte, packte mich die kalte Wut. Erst als der Frust zu groß wurde, begann ich endlich mit der ungeliebten Arbeit.

Die wollte ich nun möglichst in einem Zug bewältigen und arbeitete deshalb bis tief in die Nacht hinein. Meistens wurde ich mit der Korrektur trotzdem nicht fertig, hatte morgens nicht ausgeschlafen und war folglich mürrisch und unzufrieden.

Methode der kleinen Schritte

Inzwischen habe ich sogar beinahe Spaß am Korrigieren von Schüleraufsätzen. Dies liegt daran, daß ich die Methode der kleinen Schritte befolge und nichts mehr unnötig hinauszögere. Sobald die Aufsätze geschrieben sind, beginne ich mit der Korrektur und bearbeite jeden Tag einen Teil. Ich verbessere gründlicher und stehe nicht mehr unter Druck, denn das tägliche Arbeitspensum ist übersichtlich, mein Endziel in mehrere kleine Einzelziele unterteilt. Die Arbeit wächst mir nicht über den Kopf, und ich habe jeden Tag ein Erfolgserlebnis.

Unser ganzes Leben können wir nur dann sicher und ohne allzu große Energievergeudung bewältigen, wenn wir es in kleine Abschnitte gliedern. Auch große Probleme lassen sich lösen, wenn wir sie in kleine Stücke (Puzzles) aufteilen. Fundamentale Fragen werden wir nur dann beantworten können, wenn wir diese in Detailfragen aufsplittern. Das Morgen wird erst dann begehrenswert und erfolgversprechend, wenn wir das HEUTE gut hinter uns gebracht haben.

Daher ist es wichtig, sich Tag für Tag bewußt auf das Heute vorzubereiten und einzustellen. Es gibt nichts Tödlicheres und Sinnwidrigeres, als blind und planlos in den Tag hineinzuleben. Sie sollten sich ein klares Ziel oder ein bestimmtes Motto für das jeweilige Heute vorgeben.

Täglich ein Motto

Ich habe mir einen Kalender gefertigt, der für jeden Tag eine Losung bzw. eine Vorsatzformel enthält. Wie ich bereits beschrieben habe, bereite ich mich täglich nach dem Frühstück ungestört in meinem Arbeitszimmer auf den neuen Tag vor. Ich blättere eine Seite meines Losungskalenders um und meditiere über einen Spruch, den ich jeweils vorfinde. Hier eine kleine Auswahl der Sprüche und Formeln:

„Nichts kann mich heute erschüttern!", „Meine Kraft ruht in meinem Glauben", „Ich glaube an mich und meine Kraft", „Wunschlosigkeit ist der Pfad zum Glück", „Jeder Tag ist ein neuer Anfang", „Im Ja liegt meine ganze Kraft", „Ich nehme alles, wie es kommt", „Ich ruhe in mir selbst", „Liebe schenkt Energie, Haß kostet Kraft", „Neid macht arm", „Überwindest du DICH, überwindest Du alles andere", „Gott hat in meinem Leben absoluten Vorrang", „Vergangenes ist vorbei, es ist vergessen", „Meine Seele ist ein stiller See", „Meine Kraft ist so groß wie mein Denken", „Mein Leben ist eine gerade Straße". Oft steht nur ein einziges Wort auf dem Kalenderblatt, das ich emotional stark aufgeladen und in meiner geistigen Vorstellung schnell parat habe, beispielsweise: „Harmonie", „DU", „Ja!", „Ruhe", „Gelassenheit".

Auch Zitate aus der Bibel sind darauf zu lesen, etwa: „Wer aus Euch kann denn mit seinen Sorgen seine Lebenszeit auch nur um eine Elle verlängern?" (Matthäus 6,27) oder: „So Ihr Glauben habt, wird Euch nichts unmöglich sein" (Matthäus 17,20) oder: „Beschließt Du eine Sache, wird sie Dir gelingen, und über Deinem Lebensweg erstrahlt ein Licht" (Hiob 22,28).

Persönliche Note

Auf diese Weise wird jedes HEUTE zu einem ganz besonderen, gewissermaßen individuellen Tag mit einer ganz persönlichen Note und einer ganz bestimmten Zielrichtung. Damit haben Sie ein Thema, über das Sie im Verlauf des Tages noch viel nachdenken können, und zwar bei vielen Gelegenheiten. So wird selbst die stumpfsinnigste Tätigkeit am Fließband zu einem interessanten Zwiegespräch mit sich selbst. Außerdem schweift Ihr Blick weder rückwärts noch in allzu weite Ferne. Sie konzentrieren sich auf die Treppe, die HEUTE heißt.

Wenn Sie jedes Heute bewußt annehmen und mit Inhalt füllen, dann werden Sie große Sorgen und Probleme nicht mehr erdrücken können. Sie werden die Dinge zunächst einmal auf sich zukommen lassen. Dann werden Sie sehen, wie sich eine Sache entwickelt, und entsprechende Maßnahmen ergreifen. Sobald Sie die entstandene Situation schrittweise analysieren, werden Sie auch erkennen, daß sich schrittweise Lösungen anbieten.

Zug um Zug

Wenn Sie beispielsweise eine Prüfung vor sich haben, werden Sie zunächst klären müssen, was Inhalt dieses Examens ist. Sie werden die Themen erkennen und entsprechende Prüfungsunterlagen sammeln. Und schließlich werden Sie sich hinsetzen und den Prüfungsstoff studieren, Tag für Tag einen ganz bestimmten Teil. So werden Sie das Examen bewältigen, nicht aber, wenn Sie nur die ungeheure Fülle und Schwierigkeiten der Prüfung vor Augen haben und voller Panik auf den Prüfungstermin starren.

Wenn Sie materielle Sorgen haben, nützt es Ihnen nichts, wenn Sie täglich Ihr Los beklagen und Gott und die Welt für Ihre Situation verantwortlich machen. So werden Sie nur unzufriedener und aggressiver.

Was kann ich tun?

Ändern können Sie Ihre wirtschaftlichen Verhältnisse nur, wenn Sie sich etwa folgende Gedanken machen: Was kann ich tun, um aus meiner Misere herauszukommen? Was kann ich sofort unternehmen, zu Geld zu kommen? Gibt es eine Möglichkeit, um auf Dauer einen Nebenjob auszuführen? Kann ich schon heute eine Tätigkeit für ein paar Stunden annehmen? Kann ich schon heute ein teures Hobby aufgeben, etwas bescheidener leben...?

Gottvertrauen

Bei aller Konzentration auf das Heute sollten wir innerlich locker und optimistisch bleiben. Wir sollten an das stufenweise Gelingen unseres Vorhabens fest glauben und Gottvertrauen aufbringen. Jesus gibt uns immer wieder Mut, so etwa bei Matthäus 6,34: „Sorgt also nicht ängstlich für morgen. Der morgige Tag wird für sich selbst sorgen; genug, daß jeder Tag seine eigene Plage hat."

Je verkrampfter und mißtrauischer ich einen Tag beginne, desto höher ist die Wahrscheinlichkeit, daß dieser Tag voller Pannen und Mißgeschicke verlaufen wird.

Es ist nun einmal Tatsache, daß die Gedanken das Tun eines Menschen fundamental beeinflussen, im positiven wie im negativen Sinn. Daher ziehen pessimistische Gedanken Mißgeschicke an, während positives Denken und Gottvertrauen den Erfolg vorprogrammieren. Ein Bergsteiger, der immer ängstlich vor- und rückwärts schaut, wird den Gipfel sicher nicht heil erreichen. Wohl aber derjenige, der selbstbewußt und freudig den Weg zum Gipfelkreuz sucht. Er orientiert sich nach vorne, wohl wissend, daß er das Ziel nur erreichen kann, wenn er zuversichtlich Schritt um Schritt nach oben geht. Er weiß, daß ihn der Blick zurück nur unnötig Energie kostet und ihn leicht die Orientierung verlieren läßt.

Nicht zurücksehen

Der verbitterte Blick zurück verdüstert nur das Lebensgefühl, raubt Hoffnung und vernebelt den Blick für das Heute, das jetzt bewältigt werden muß. Zurückdenken bewegt nichts, es lähmt nur.

Theresia Hauser schreibt in ihrem Buch „Tag für Tag mein Leben" folgendes über das fruchtlose Rückwärtsblicken: „Wir können, wenn wir von dem Neuen überzeugt sind, uns nach vorne orientieren, also uns verändern, oder uns nach rückwärts wenden und uns so den Wachstumsstufen unseres Lebens verweigern. Auf diese Weise verändern wir uns auch. Wir bleiben in unserem Reifungs- und Entwicklungsprozeß stecken."

Leben ist Fluß

Leben ist Entwicklung, ist Reifen, ist Fluß. Leben fließt (wie ein Bach) nicht rückwärts, sondern stets vorwärts, einem Ziel entgegen. Darum ist es widersinnig, mitten im Strom rückwärts zu schauen. Dann werden Sie untergehen. Dagegen sollten Sie stets auf jede Welle vor Ihnen achten und den Kopf hochhalten. Nicht die Vergangenheit benötigt unsere ganze Kraft, sondern die unmittelbare Gegenwart, das HEUTE. Jeder Tag ist eine Herausforderung, aber auch eine neue Chance, sich selbst zu verwirklichen. Sie müssen nur einfach Ja sagen und dieses Ja in die Tat umsetzen.

Sag einfach Ja!

Sag Ja zu dem,
was du *nicht* ändern kannst –
zum Gestern.
Sag Ja zu dem,
was du *noch* ändern kannst –
zum Heute.
Sag Ja zu dem,
der dir begegnet,
und zu dem, was ist.
Betrachte
Leid und Unglück
als ein Zeichen,
das dich weckt.
Schau vorwärts,
nie zurück
auf das verblaßte Gestern,
– es ist tot.
Nimm jeden Tag,
den du beginnst,
als ein Geschenk,
als neuen Anfang!

Energien sinnvoll einsetzen

„Nur wer mit Leichtigkeit,
mit Freude und Lust
die Welt sich zu erhalten weiß,
der hält sie fest."
(Bettina von Arnim)

Beim Kauf eines neuen Autos oder bei der Installierung einer Heizung fragen wir heute nicht mehr nur nach den Anschaffungskosten, sondern vor allem nach dem Energieverbrauch. „Energiesparen" ist zu einem werbewirksamen Slogan der Industrie, aber auch zu einer vielbenutzten Vokabel der Umweltschützer geworden. Alle meinen dasselbe; möglichst wirtschaftlichen und sparsamen Verbrauch materieller Energie wie z.B. Kohle, Heizöl, Gas oder Benzin.

Wer aber denkt beim Energiesparen an Geist, Seele oder Gefühle? Wohl die wenigsten. Zum einen deshalb, weil wir Menschen doch sehr stark auf das Materielle ausgerichtet sind, zum anderen, weil wir viel zu wenig auf unsere geistigen und seelischen Energien achten, uns ihrer oft gar nicht bewußt sind. Das ist auch der Grund, warum wir in diesem nichtmateriellen Bereich unglaublich viel Energie vergeuden, die wir zum Aufbau unserer Persönlichkeit und zur Gestaltung des Gemeinschaftslebens so dringend benötigen.

Gewissenserforschung

Durchleuchten wir doch einmal unseren Alltag und halten ein wenig Gewissenserforschung darüber, wie wir unsere Kräfte auf völlig unnütze oder schädliche Dinge richten: Beschäftigt mich die Meinung meiner Mitmenschen über mich mehr als meine eigene Lebensplanung? Fressen Neid und Mißgunst auf erfolgreiche Nachbarn und Kollegen die Konzentration auf meinen eigenen Erfolg auf? Nagt grundlose Eifersucht auf meinen Lebenspartner meine Liebe weg? Füllen Rachegedanken für ein erlittenes (oder auch nur eingebildetes) Unrecht mein Gemüt aus und trüben dadurch meine Verstandeskräfte? Ärgert mich die ehrliche Meinungsäußerung eines Bekannten oder Freundes so stark, daß ich mich sehr lange mit nichts anderem beschäftigen kann? Verfolgt mich ein Fehler der Vergangenheit so sehr, daß ich darüber den Blick für die Zukunft verliere? Lasse ich mich durch einen Mißerfolg derart deprimieren, daß ich „das Handtuch werfe"? Lähmt mich die Angst vor einer Begegnung oder eines Vorhabens so arg, daß ich resigniere oder völlig falsch reagiere?

Nichts beschönigen

Die Liste ließe sich beliebig fortsetzen. Führen Sie diese selbst weiter mit Fragen, die Sie tangieren! Beschönigen Sie dabei nichts vor sich selbst! Denken Sie ruhig und sachlich nach und ersparen Sie sich unbedingt Selbstvorwürfe! Versuchen Sie herauszufinden, wo Sie wertvolle Energie sinnlos verschleudern und arbeiten Sie sich immer weiter, aber behutsam vor.

Unnütze Sorgen

Höchstwahrscheinlich werden Sie zu der Feststellung gelangen, daß Sie sich schon oft völlig unnütz Sorgen über Dinge gemacht haben, die sich im nachhinein als unproblematisch erwiesen oder gar positiv entwickelt haben.

Erst vor kurzem habe ich das an meiner Ehefrau festgestellt. Sie hatte durch einen langen Fußmarsch und durch sportliche Betätigung ihre Knie und Bänder überstrapaziert, so daß sie kaum noch laufen konnte. Eine Röntgenuntersuchung brachte keine Klärung, weitere ärztliche Untersuchungen ebenfalls nicht. Meine Frau war nun überzeugt, sie habe die vom Arzt für möglich gehaltene Meniskuskrankheit tatsächlich. Von da ab verschlimmerte sich ihr Krankheitsbild sichtlich; sie konnte sich schließlich nur noch humpelnd fortbewegen.

Nach einer erneuten Diagnose erfuhr sie, daß lediglich Überbeanspruchung und damit verbundene Verschleißerscheinungen vorlägen, die man therapieren könne.

Fehlgeleitete Energie

Ab sofort fühlte sie sich besser, der Heilungsprozeß beschleunigte sich rasant. Die Energie, die sie vorher für ihre Ängste und Sorgen aufwandte, konzentrierte sie nun laserstrahlartig auf ihre Heilung – und sie wurde schnell gesund.

Damit bestätigte sich für mich einmal mehr der ungeheuer starke Einfluß der Psyche auf das körperliche Befinden des Menschen. Donald Meichenbaum schreibt über die psychosomatischen Zusammenhänge: „Die Art und Weise der individuellen Einschätzung entscheidet darüber, ob Überbelastung (Streß) zu krankmachender Angst führt oder zu Eifer und Bereitschaft, die eigenen Fähigkeiten sich selbst zu beweisen.“

„Ungelegte Eier“

Wir setzen uns viel zu oft unter schlimmen, energieraubenden Druck, weil wir „ungelegte Eier“ ausbrüten wollen, weil wir in unserer Phantasie bevorstehende Ereignisse (z. B. Prüfungen, ärztliche Untersuchungen, einen Gerichtsprozeß, die künftige finanzielle Situation) in den dunkelsten Farben *voraus*malen, weil wir negative Entwicklungen *voraus*zusehen glauben, die sich im nachhinein als völlig unbegründet erweisen.

Statt unseren Verstand einzuspannen, lassen wir uns von trüben Gefühlen treiben. Sie haben ihre Quelle manchmal in körperlichen Regionen (nicht ausgeschlafen, überarbeitet, gesundheitlich angeschlagen), meist aber in der Psyche (bittere Enttäuschungen, nicht verarbeitete Ängste). Die dumpfen Gefühle verzehren nicht nur wichtige Energie, sie treiben uns auch in Resignation und schließlich in Panik, in der wir die Kontrolle über unser Denken, Fühlen und Handeln verlieren.

Dem Schicksal nicht vorgreifen

Warum lassen wir die Zukunft nicht einfach auf uns zurollen? Warum greifen wir dem Schicksal gedanklich vor und belasten uns nur damit? Warum leben wir Christen nicht den Satz, den wir so oft beten: „Herr, Dein Wille geschehe?“ Warum mobilisieren wir schon zu einem Zeitpunkt Kräfte, an dem wir noch gar nicht wissen, wo wir sie einsetzen können und ob wir sie überhaupt einsetzen müssen? Oder warum vergeuden wir geistige und seelische Energien für Dinge, die wir einfach nicht ändern können?

Älter werden

Warum lamentieren wir darüber, daß wir älter werden? Wir verschwenden viel Kraft an diesen Ärger, der uns keineswegs jünger macht. Im Gegenteil: Ärger und Gram furchen unsere Gesichtszüge nur tiefer und lassen uns noch schneller altern – zumindest in der äußeren Erscheinung, aber auch im Innern. Das Sprichwort „Man ist immer so alt, wie man sich einschätzt“ hat sicher seine Richtigkeit.

Alter als Ansporn

Jedenfalls ist es unproduktiv, sich innerlich gegen ein Naturgesetz zu sperren. Wenn wir unseren ganz natürlichen Alterungsprozeß bejahen, dann werden wir wahrscheinlich bemerken, daß jede Altersstufe ihre eigenen Reize und Annehmlichkeiten besitzt. Wir werden auch versuchen, das Schönste daraus zu machen. Vielleicht ist Ihnen der rein physische Prozeß eine Aufforderung, sich wieder mehr körperlich und sportlich zu betätigen. Dadurch fühlen Sie sich mit der Zeit auch psychisch wieder wohler. Das wiederum schlägt sich in einer verbesserten Konstitution nieder, die das Gesamtwohlbefinden hebt. Vielleicht entdecken Sie im Sport auch ein neues Hobby, das Ihre Freizeit zu bereichern vermag. Es gibt so viele Alternativen. Probieren Sie einfach welche aus! Sie werden bald feststellen, daß es auch in zunehmendem Alter noch genügend Wege zu einem unbeschwerten und glücklichen Leben gibt. Man muß sich nur umschauen und darf nicht über den Flug der Zeit jammern. Jede Altersstufe wird bei einer solchen Einstellung zu einem Stadium der Freude, der Ausgefülltheit und vielleicht sogar des Abenteuers.

Vergangenheit positiv nutzen

Wie unproduktiv es ist, dem Vergangenen nachzutrauern, wurde bereits erläutert. Vergangenes ist (wie das Wort schon sagt) vorbei, abgelaufen, unwiderbringlich. Daher sollten wir uns an ihr nicht reiben, sondern aus ihr für unsere gegenwärtige Lebensbewältigung und den Aufbau unserer Persönlichkeit lernen.

Vergangenheit ist dann nicht tot, wenn wir an ihr reifen, wenn wir sie dazu nutzen, begangene Fehler nicht zu wiederholen. So wird Vergangenheit für uns erst sinnvoll und Basis einer besseren Zukunft, denn sie lenkt unsere Energie nicht auf unproduktive Rückschau, sondern auf kreative Lebensbewältigung und aktive Selbstfindung.

Neuen Plan fertigen

Wenn beispielsweise Ihre Ehe gescheitert ist, trauern Sie ihr nicht nach, sondern benutzen Sie Ihre emotionalen Kräfte dazu, die gleichen Fehler in der zweiten Partnerschaft zu vermeiden. Das hat auch Jean Paul erkannt, als er schrieb: „Gegen das Fehlschlagen eines Planes gibt es keinen besseren Trost, als auf der Stelle einen neuen zu machen oder bereitzustellen.“

Wenn Sie von nahestehenden Menschen enttäuscht worden sind, vergeuden Sie Ihre Kräfte nicht auf Revanchegedanken, Wut oder Selbstmitleid. Nehmen Sie die Enttäuschung vielmehr zum Anlaß, Erwartungshaltungen abzubauen und noch mehr Toleranz einzuüben. Vertiefen Sie nach einer solchen Erfahrung auch die Erkenntnis, daß eigenes Glücksgefühl vom eigenen Ich aufgebaut werden muß und nicht von außen, von Ihrer Umwelt. Wenn Sie immer wieder über diesen Zusammenhang meditieren, kommen Sie nicht nur schnell über eine Enttäuschung hinweg, Sie werden auch weniger anfällig für irgendwelche Störfeuer aus Ihrer Umgebung.

Sollten Sie wirtschaftlich und finanziell Schiffbruch erlitten haben, investieren Sie Ihre geistig-seelischen Potenzen nicht in Rückschau und Selbstvorwürfe. Betrachten Sie die gewonnenen Negativerkenntnisse als Grundkapital für einen zukunftsweisenden Neuaufbau.

Unvermeidliches hinnehmen

Grundsätzlich müssen wir in unserem Leben anerkennen, daß es Dinge gibt, die wir nicht beeinflussen können, die wir einfach hinnehmen und bejahen müssen. Tun wir das nicht, reiben wir uns unnötigerweise auf. Zu diesen unaufhaltsamen Dingen gehört auch der Tod, auf den ich noch ausführlich zu sprechen komme. Nicht nur der eigene Tod ängstigt uns, sondern auch der unserer Lieben. Unkontrolliertes Sinnieren darüber kostet sehr viel Lebensenergie und kann im Extremfall seelische Lähmungserscheinungen hervorrufen, die sich auf die ganze Lebensführung auswirken.

Tod ist unumgänglich

Das heißt aber nicht, daß wir uns nicht schon jetzt mit dem Tod beschäftigen sollten. Wir müssen ihn als absolut unumgängliche Realität begreifen und akzeptieren lernen. Wir müssen einfach lernen, das Sterben als etwas Selbstverständliches in unser irdisches Dasein einzubauen und den Schleier des Unheimlichen wegzuziehen.

Tote innerlich begraben

Besonders trifft uns das Schicksal, wenn es uns einen Angehörigen oder geliebten Menschen durch den Tod entreißt. Je unerwarteter dieser Mensch stirbt, desto größer unsere Betroffenheit und unser Leid. Es fällt mir schwer, hier etwas Tröstliches zu schreiben. Eines muß freilich gesagt werden: Sie bewältigen den Schmerz nicht, indem Sie sich von ihm fortschwemmen lassen, indem Sie immer nur an den Verlust denken und den Toten in Ihrer Vorstellung immer wieder auferstehen lassen. So reißen Sie alte Wunden wieder auf, ohne die neu entstehende Situation zu ändern. Auch wenn es schal und banal klingt: das Leben geht weiter, der Lebensstrom fließt vorwärts, nicht zurück.

Wenn Sie durch den Tod eines geliebten Menschen schwer verwundet sind, lassen Sie diese Wunde zunächst einmal ausbluten, lassen Sie Ihren Tränen ungebremst ihren Lauf. Nur überlassen Sie sich nicht dem Schmerz, sonst vernichtet er Sie. Richten Sie vielmehr Ihren Blick auf die Gegenwart und auf die Zukunft. Fragen Sie sich beispielsweise, was Ihnen noch geblieben ist, wer Sie jetzt noch braucht, was Sie jetzt und später für andere noch tun können oder müssen, welche Lebensperspektiven sich ab jetzt bieten. Möglicherweise kommen Sie nach einer gewissen Zeit sogar zu der Erkenntnis, daß Sie nun frei sind für Aufgaben, die Sie bisher nicht verwirklichen konnten, z.B. karitative Tätigkeiten oder aber eine große Reise.

Konkrete Initiativen

Was immer Ihnen im Leben begegnet, Sie werden damit nur dann fertig, wenn Sie es annehmen, statt sich blind dagegenzustemmen, wenn Sie es gestalten, statt sich davon erdrücken zu lassen, d.h., wenn Sie Ihre Kräfte nicht ins Leere laufen lassen, sondern auf konkrete Initiativen bündeln. Lassen Sie sich dabei von Optimismus, Humor, Fröhlichkeit, Glaube, Entschlossenheit und Selbstvertrauen unterstützen.

Verkrampfung blockiert Energie

Schotten Sie sich gegen negative Einflüsse Ihrer mitmenschlichen Umgebung so gut wie möglich ab und schöpfen Sie Kraft aus Ihrem eigenen Innern, aus Ihrem Gott- und Selbstvertrauen. Lassen Sie belastende Dinge, z.B. Neid, Eifersüchteleien oder Sticheleien der „lieben" Mitmenschen gar nicht in sich ein, lassen Sie diese einfach abprallen wie Pfeile an einer eisernen Ritterrüstung, und gehen Sie unbeirrt den Weg, den Sie sich selbst gesteckt haben. Hüten Sie sich vor allem vor innerer Verkrampfung oder Verhärtung. Verkrampfung macht unfrei, blokkiert vorhandene Fähigkeiten und leitet Energien fehl.

Beobachten Sie Ihre Körperhaltung immer wieder einmal und machen Sie sich bewußt, daß die äußere Haltung Verkörperung Ihrer inneren Verfassung ist. Gehen Sie ihren momentanen Zustand einmal durch: Ist mein Atem ruhig und gleichmäßig oder heftig und gepreßt? Sind meine Lippen offen und gelöst oder schmal und zusammengekniffen? Sind meine Hände und Finger locker oder verkrampft? Ist meine Stirn glatt oder gerunzelt? Sind meine Stimmbänder frei oder belegt? Schlägt mein Puls gleichmäßig oder unrhythmisch? Gehe ich aufrecht oder verklemmt? Welche Muskeln sind im Augenblick verspannt?

Körperliche Verkrampfungen sind Anzeichen innerer Unsicherheit und Unausgeglichenheit. Irgend etwas in uns lähmt unsere Initiativen und blockiert vorhandene Kräfte. Leib, Seele und Geist gehen getrennte Wege, stimmen nicht überein, befinden sich im Zustand der Disharmonie und behindern sich dadurch gegenseitig. So entstehen nicht nur große Reibungsverluste, sondern auch Störungen der Konzentration, Leistungsminderung oder gar völliges Versagen.

Leistungsminderung

Vielleicht haben Sie diese unangenehme Tatsache schon vor einem öffentlichen Auftritt, vor einer Ansprache oder in einer Prüfungssituation am eigenen Leib kennengelernt. Vielleicht hat Sie seelische Verkrampfung vorübergehend oder für längere Zeit frigide oder impotent werden lassen. Vielleicht haben Sie sich in ein Problem so hineingesteigert, daß es Ihnen über den Kopf zu wachsen beginnt und unlösbar erscheint.

Abstand gewinnen

Dann freilich haben Sie nur noch das *Problem* vor Augen, aber nicht mehr die *Lösung*. Ihre negativen Gedanken machen sich selbständig und rufen Lähmungserscheinungen hervor, die vernünftige Lösungsansätze erst gar nicht aufkommen lassen. Die Gedanken fressen sich immer tiefer in das anstehende Problem ein und engen sich dadurch selbst völlig ein. Sie sind dann im wahrsten Sinn des Wortes „verbohrt". Ein Problem lösen bedeutet aber das Gegenteil, heißt, von einer Sache loskommen, Abstand gewinnen.

Eine Nacht darüber schlafen

Wir verzetteln oft unsere Energie, weil wir diese loslösende Distanz nicht wahren. So reagieren wir auf eine Aussage oder eine Geste eines Mitmenschen zuweilen viel zu spontan und heftig und belasten damit nicht nur das zwischenmenschliche Verhältnis, sondern auch uns selbst, weil wir uns hinterher Vorwürfe machen. So habe ich mir inzwischen abgewöhnt, sofort einen Leserbrief zu schreiben, wenn ich mit einem Zeitungsbericht oder einer politischen Aussage nicht einverstanden bin. Ich lasse erst eine Nacht darüber vergehen. Wenn ich danach immer noch der Überzeugung bin, eine Antwort sei sinnvoll, setze ich mich an die Schreibmaschine. Meine Emotionen sind inzwischen ein wenig abgeklungen, die Sache steht im Vordergrund. So schone ich mein Gefühlsleben und kann meine Energie zudem viel gebündelter auf die sachliche Argumentation lenken.

Der zeitliche Abstand bewirkt in aller Regel auch eine gewisse innere Distanz. Die aufgewühlten Gefühle pendeln sich ein und gelangen allmählich wieder unter die Kontrolle des Verstandes. Die Beurteilung einer Situation oder Sache wird nicht mehr allein der affektiven Seite überlassen, sondern auf die rationale Ebene gerückt. Die liegt höher und gewährleistet damit einen wesentlich größeren Überblick. (Von einem Berg kann man ja auch viel mehr von der Landschaft wahrnehmen als von der Ebene.) Eine weitere Übersicht ermöglicht erst wirklich weitsichtige Maßnahmen und kann Kräfte gezielt dort einsetzen, wo sie gebraucht werden.

Je mehr Abstand zwischen Reiz und Reaktion liegt, desto bewußter kann die Aktion vorbereitet und kontrolliert werden. Man findet leichter zu seiner inneren Ruhe zurück, in der unsere eigentliche Stärke liegt.

Schutzraum der Ruhe

Ruhe ist ohnehin eine wichtige Voraussetzung für das Energiesparen der Seele. Gerade in unserer Zeit, in der unser Lebensrhythmus immer mehr von Lärm, Hast, Rastlosigkeit und Hektik zerstört wird, ist Ruhe nötiger denn je.

Nur im Schutzraum der Ruhe und Stille kommen Sie zu sich selbst. Nur hier können Sie Ihren Geist reinigen, indem Sie Ihre Gedanken zwanglos auspendeln lassen. Nur hier können Sie sich lösen von privaten und beruflichen Überforderungen. Nur hier finden Sie die Freizone für schöpferische Ideen. Nur hier können Sie wieder Kräfte für den hektischen Alltag sammeln.

Ruhenischen

Schaffen Sie sich also Ruhenischen in Ihrem täglichen Leben, in denen Sie sich selbst gehören, in denen Sie nicht der Unrast Ihrer Umwelt ausgesetzt sind, in denen Sie verschnaufen können. Sie glauben, das ist nicht möglich? Sie sind davon überzeugt, daß Termine und andere Verpflichtungen eingehalten werden müssen?

Prioritäten setzen

Aus eigener Erfahrung weiß ich zu genau, daß es durchaus möglich ist, Termine zu streichen und Verpflichtungen abzusagen. Man muß Prioritäten setzen und abwägen, was Vorrang hat: die Freiheit, mir selbst zu gehören oder die Unfreiheit, von einem Termin zum nächsten zu hetzen. Die eine oder andere Verabredung ist sicher nicht lebensnotwendig. Ihre Ruhenischen dagegen sind es, sonst werden Sie von Ihrer Umwelt bald überrollt. Dann gehören Sie nicht mehr sich selbst, sondern den anderen. Dann bestimmen nicht mehr Sie über Ihr Leben, sondern lassen es von den anderen bestimmen.

Zeiteinteilung

Prüfen Sie auf der Suche nach Zeit und Ruhenischen auch einmal nach, ob Sie Ihren Tag richtig einteilen, ob Sie Schwerpunkte setzen oder ob Sie planlos und ohne Zeiteinteilung (Tages- und Wochenplan) in den Tag hineinleben und damit nicht nur wertvolle Zeit, sondern auch wertvolle Energie vergeuden. Legen Sie sich ab sofort einen Zeitplan zurecht. Sie werden bald feststellen, daß Sie mehr Zeit haben, als Sie bisher angenommen haben – vor allem auch Zeit für sich selbst.

Bilanz

Wir vertun täglich wertvolle innere Energien, ohne uns dessen bewußt zu sein. Daher sollten wir immer wieder ehrlich hinterfragen, in welchen Punkten wir so verschwenderisch sind.

Wir machen uns oft genug Sorgen über Dinge, die noch gar nicht eingetreten sind, sondern erst auf uns zukommen. Um Energieverluste zu vermeiden, sollten wir Entwicklungen gelassen und voller Optimismus auf uns zurollen lassen und Fakten, die wir nicht ändern können, bejahend annehmen.

Die Vergangenheit ist nur dann nützlich, wenn wir von ihr für unsere Zukunftsentwicklung lernen.

Alter und Tod sind ganz natürliche Erscheinungen, die wir akzeptieren müssen. Wenn wir uns dagegen sträuben, vertiefen wir Ängste und Leiden und vergeuden so gewaltige Energiemengen.

Wir müssen vielmehr unsere Kräfte dort einsetzen, wo wir etwas verändern und gestalten können.

Um unseren Energien freie Entfaltung zu ermöglichen, müssen wir unsere Körperhaltung entkrampfen. Das geschieht am besten durch Atem- und Entspannungstechniken. Sie fangen zerstörerische Affekte ab, führen zu geistig-seelischer Gelöstheit und schaffen innere Distanz. Lassen Sie sich von Terminen und Verpflichtungen nicht erdrücken, sonst gehören Sie nicht mehr sich selbst. Schaffen Sie sich Freiräume und Ruhenischen, indem Sie Schwerpunkte setzen und Ihre Zeit sinnvoll einteilen.

Lernziel: Selbstbewußtsein

„Ich stehe in der Einbildung,
es sei zuweilen nicht unnütz,
ein gewisses edles Vertrauen
in seine eigenen Kräfte zu setzen."
(Immanuel Kant)

Sie stehen am Rednerpult, Ihre Hände schwitzen, die Finger zittern, die Knie schlottern und ein „Frosch" steckt im Hals. Schon bei den ersten Worten verhaspeln Sie sich, das Publikum ist peinlich berührt. Sie möchten am liebsten im Erdboden versinken.

Unsicherheiten

Diese oder eine andere peinliche Szene haben Sie vielleicht schon persönlich erlitten oder an anderen beobachtet. Möglicherweise haben auch Sie Hemmungen, im kleinen Kreis, z. B. bei einer Geburtstagsfeier, ein paar Worte zu sprechen oder im Bekanntenkreis einen Witz zu erzählen. Oder Sie verkrampfen sich, wenn Sie mit einem Vorgesetzten sprechen. Oder Sie erröten, wenn Sie einer schönen Frau oder einem attraktiven Mann begegnen. Oder es fallen Ihnen dauernd die Nudeln von der Gabel, wenn Sie in einem vornehmen Restaurant speisen und sich stets beobachtet fühlen. Oder Sie wollen einmal Ihre eigene Meinung vertreten, tun dies aber aus Furcht vor dem Unwillen anderer nicht.

Viele „oder“ ließen sich anfügen. Sie haben alle eines gemeinsam: sie zeugen von mangelndem Selbstbewußtsein und fehlendem Selbstvertrauen.

Innere Mitte

Der Hauptgrund liegt darin, daß wir noch nicht zu unserer inneren Mitte gefunden haben, sondern uns in unserer Selbsteinschätzung vom Urteil der Mitmenschen abhängig machen. Wir liefern uns allzu oft dem Beifall unserer Umwelt aus, ohne zu berücksichtigen, wie schnell aus den Hosianna-Rufen hysterisches „Kreuzige-ihn“-Geschrei werden kann. Politiker, Sportstars und Persönlichkeiten, die im Rampenlicht der öffentlichen Meinung stehen, erfahren den Undank eines launischen Publikums und der wankelmütigen Medien immer wieder. Viele haben so Selbstvertrauen oder Motivation verloren.

Vom Applaus anderer frei machen

Tiefes Selbstbewußtsein ist daher nur zu erlangen, wenn wir uns frei machen von Beifalls- und Mißfallensbezeugungen unserer Mitmenschen, wenn wir das Konkurrenzdenken ablegen, das fortwährend nach Arbeitskollegen oder Nachbarn schielt und Vergleiche zieht.

Urgrund der Seele

Selbstbewußtsein ist nicht unbedingt abhängig von Schönheit, Intelligenz, besonderen Fähigkeiten oder von Rang, Ruhm und Reichtum, obwohl diese Faktoren den Aufbau eines stabilen Selbstbewußtseins natürlich erleichtern. Wahres Selbstbewußtsein ruht letztlich in sich selbst, im tiefsten Kern unserer Persönlichkeit und schöpft seine Kraft aus dem Urgrund der Seele, der aus Liebe, Zuwendung, Toleranz, Bejahung, Glauben und Vertrauen besteht. Es ist mehr als Überzeugtsein von sich und seinem gegenwärtigen Tun – ist Harmonie von Denken, Fühlen und Handeln, ist Gleichklang von Wollen und Handeln, ist Übereinstimmung von Suchen und Finden.

Hildegund Fischle-Carl schreibt in ihrem Buch „Was bin ich wert?“: „Jeder denkende Mensch weiß heute, daß großes Bemühen um Anerkanntwerden und Ansehen uns verunsichert und verkrampft. Je weniger ein auf sich selbst zielendes und verbissenes Wollen uns antreibt, umso größer ist die Möglichkeit, daß eine Sache uns gelingt. Dabei werden keine Energien verbraucht, die nicht zum Thema selbst gehören. Dann sind alle Kräfte frei zur Verfügung.“

„Selbstbewußt, ohne eine Spur von Show“

Als Beispiel sei noch einmal die Nobelpreisträgerin Mutter Teresa angeführt. Ihr Biograf Christian Feldmann schreibt über das Selbstbewußtsein dieser selbstlosen Frau: „Sie ist alles andere als eine strahlende Erscheinung, und doch werden alle Großen dieser Welt – man kann es im Fernsehen beobachten – still und verlegen... Sie ist keineswegs schüchtern, sondern selbstbewußt, ohne eine Spur von Show... Sie buhlt nicht um die Gunst der Prominenz, sie kann es sich leisten, unbequeme Wahrheiten auszusprechen.“

Selbstverwirklichung

Wie wir an dieser demütigen Frau sehen, wird Selbstbewußtsein dann etwas Selbstverständliches, etwas ganz Natürliches, wenn wir uns selbst verwirklichen, wenn wir die Ziele in die Tat umsetzen, die wir uns im tiefsten Innern gesteckt haben und die wir für richtig halten. Dann, und nur dann, wird unser gesamtes Tun auch von Erfolg gekrönt sein. Das wiederum beflügelt unser Selbstvertrauen und treibt die Glücksspirale nach oben.

Nicht jeder ist mit dem gleichen Selbstvertrauen ausgestattet. Das sehe ich täglich in der Schule. Gründe hierfür ließen sich unzählige anführen, etwa Bestätigung durch die Familie und die nähere Umgebung, in der ein Kind aufwächst, Liebe und Zuwendung schon im Mutterleib, sozialer Status der Eltern, die ersten sozialen Kontakte und vieles mehr. Das alles soll hier nicht näher untersucht werden. Uns interessiert vielmehr die Frage, ob Selbstbewußtsein, Selbstsicherheit und Selbstvertrauen erlernbar sind.

Selbsterkenntnis

Diese Frage muß klar bejaht werden. Voraussetzung für ein wirklich stabiles Selbstbewußtsein ist die Selbstfindung, ein uneingeschränktes „Erkenne dich selbst". Horchen Sie in sich hinein, öffnen Sie Ihre Augen, und durchleuchten Sie die dunkelsten Winkel Ihres Innenlebens.

Was belastet Sie beispielsweise aus Ihrer Vergangenheit? Gibt es da ein oder mehrere Erlebnisse, die Sie vergessen oder verdrängt haben, die sich aber manchmal in Träumen zurückmelden? Haben ein autoritärer Vater oder eine dominante Mutter Ihr Selbstvertrauen schon in früher Kindheit behindert? Oder waren es Geschwister, Schulkameraden oder Lehrer? Haben sich Zwistigkeiten oder Charakterschwächen der Eltern negativ auf den Aufbau Ihrer Selbstsicherheit ausgewirkt? Gibt es sonstige traumatische Erlebnisse, die Sie vor sich selbst verstecken? Welche Mißerfolge haben Sie am meisten getroffen und verunsichert?

Forschen Sie in aller Ruhe nach und halten Sie schriftlich fest, was Ihnen zu diesem Thema einfällt. Seien Sie sich bewußt, daß Sie erst dann frei sind, wenn Sie die verborgenen Ketten entdeckt haben, die Ihre Seele fesseln. Legen Sie sich bei der Selbstanalyse daher keine Tabus auf, sondern legen Sie rigoros alles frei, was Sie finden können.

Ängste aufdecken

Sie werden dabei manches aufdecken, was Ihnen bisher Ängste bereitet hat, z.B. sexuelles Lustverbot oder religiöse bzw. moralische Normen in der Erziehung. Vielleicht werden Sie dabei zornig auf Menschen, die Ihnen in Ihrem Entwicklungsprozeß geschadet haben. Hüten Sie sich jedoch davor, Vorwürfe oder gar Haß in

Vorwürfe sind hinderlich

Ihrem Herzen aufkommen zu lassen. Solche negative Gefühle durchlöchern Ihre innere Harmonie, lenken Sie auf dem Weg zur Selbstfindung ab und verhindern den konstanten Aufbau von Selbstsicherheit und Selbstbewußtsein.

Registrieren Sie die Fakten einfach, ohne zu werten und ohne zu urteilen oder gar zu verurteilen. Bleiben Sie nicht in der Vergangenheit haften, sonst leben Sie rückwärts. Es genügt, wenn Sie die Belastungen und Verdrängungen des bisherigen Lebens enthüllt und damit entschärft haben. Nun gilt es, sich auf Vorhandenes zu konzentrieren.

Konstruktive Selbstkritik

Dabei ist eine gesunde und konstruktive Selbstkritik vonnöten, die existierende Schwächen und Mängel mutig ins Visier und schließlich auch zur Kenntnis nimmt. Ärgern Sie sich nicht über Ihre Mängel, sondern betrachten Sie diese einfach als Ihre individuellen Besonderheiten, die es nach und nach zu beheben gilt. Konzentrieren Sie sich aber nicht auf Ihre Schwächen, sondern auf Ihre Stärken!

Konzentration auf die eigenen Stärken

Beim Durchblättern meiner Tagebuchnotizen fand ich folgenden Eintrag: „Ab sofort werde ich nur noch an meine Stärken denken und daran glauben. Die Schwächen lasse ich am Rande liegen, ich beachte sie nicht mehr. Ich schaue jetzt nur noch auf meine Stärken. Ich sauge in jeder Minute Kraft in mich ein – körperliche und seelische. Ich fühle mich fit und stark. Ich fliege über meine Schwächen wie über dunkle Wolken. Ich fliege zum Licht, das unbändige Kraft und Freude bedeutet. Meine Ziele sind oben – im Licht.“

Auch wenn diese Notiz etwas euphorisch und idealistisch klingt, habe ich mein Leben in der Grundtendenz in den letzten Jahren danach ausgerichtet. Ich kenne meine Fehler und Schwächen ziemlich genau. Ich nehme sie zwar nicht hin, aber ich nehme sie an, weil ich weiß, daß ich ein unvollkommenes Geschöpf Gottes bin. Natürlich stören mich meine Fehler immer noch. Aber ich nehme sie nicht mehr so wichtig. Ich beschäftige mich nicht mehr intensiv mit ihnen und leide daher auch nicht mehr so sehr darunter. Ich habe eingesehen, daß es effektiver ist, sich an seinen Stärken zu orientieren und nicht an seinen Schwächen.

Eigene Fähigkeiten suchen

Um Selbstsicherheit zu erlangen, müssen wir uns also auf unsere Fähigkeiten und Stärken besinnen und gewissenhaft nach ihnen suchen. Die meisten von uns bringen nur deshalb einen Bruchteil ihrer potentiellen Leistungen, weil sie ihre tatsächlich vorhandenen Fähigkeiten und Möglichkeiten gar nicht kennen. Sie haben nie danach geforscht.

Positive Eigenschaften

Kennen Sie Ihre körperlichen, seelischen und geistigen Vorzüge? Wenn nicht, beginnen Sie sofort danach zu suchen. Notieren Sie die positiven Eigenschaften, die Sie an sich entdecken, z.B.: geduldig, schöpferisch, sportlich, einfühlsam, wortgewandt, großzügig, phantasiebegabt, humorvoll, ehrlich, liebesfähig, naturverbunden, genügsam, bescheiden, zäh, mutig, handwerklich begabt, gute Figur, mathematisches oder sprachliches Talent, nicht nachtragend, gutmütig, hilfsbereit... Schreiben Sie alle Eigenschaften so nieder, wie Sie Ihnen einfallen. Die Reihenfolge (körperlich, geistig, seelisch) spielt dabei überhaupt keine Rolle.

Seien Sie aber nicht zu bescheiden. Schreiben Sie sich lieber eine gute Eigenschaft mehr zu als eine zu wenig. Wenn Sie daran zweifeln, ob Sie diesen oder jenen Vorzug haben könnten, dann besitzen Sie ihn wahrscheinlich. Prüfen Sie das in aller Ruhe nach und seien Sie ehrlich zu sich selbst. Sie werden staunen, was da alles zusammenkommt.

Wenn Sie nun Ihre Stärken den Schwäche gegenüberstellen, werden Sie bemerken, daß Ihre positiven Anlagen mindestens so zahlreich sind wie die negativen. Wahrscheinlich überwiegen Ihre guten Seiten. Ist das nicht Grund zu Lebensfreude, Optimismus und Selbstvertrauen? Fühlen Sie sich nicht ermutigt?

Ermutigung

Das pädagogische Prinzip der Ermutigung ist in der Fremderziehung ebenso nützlich wie in der Selbsterziehung. Beruflich habe ich oft mit schwach begabten Kindern zu tun, die in der Regel wenig Selbstvertrauen besitzen. Aus jahrzehntelanger Erfahrung weiß ich, daß auch ein sehr gering talentiertes Kind mindestens ein Schulfach hat, in dem es etwas Herausragendes oder wenigstens Durchschnittliches leisten kann, beispielsweise in einer Sportdisziplin oder im Fach Werken, Kunsterziehung oder Musik. Hier setze ich den Hebel an, um die Motivation und das Selbstwertgefühl des Kindes aufzubauen. Immer dann, wenn ein solches Kind eine besondere Leistung erzielt hat, stelle ich diese in der Klassengemeinschaft heraus und lasse es meine persönliche Anerkennung spüren. Die Folgen sind oft frappierend: Nicht nur im Lieblingsfach werden Leistungsbereitschaft und Erfolg größer, sondern auch in anderen Fächern. Die Einzelbestätigung löst also eine breite Wirkung aus. Das Kind hat durch das Lob zumindest eine Stärke an sich selbst entdeckt und beginnt von hier aus sein Selbstbewußtsein Stück um Stück aufzubauen. Motivation und Leistungsbereitschaft werden von Erfolg zu Erfolg stärker und setzen zunehmend latente Kräfte frei. Diese erzeugen weitere Erfolgserlebnisse und schrauben so das Selbstbewußtsein automatisch höher.

Selbstbewußtsein in Raten

Der gleiche Vorgang spielt sich auch bei uns Erwachsenen ab. Auch wir müssen unser Selbstbewußtsein schrittweise auf- bzw. ausbauen, indem wir uns immer wieder unsere Stärken ins Bewußtsein rufen, unsere Kräfte auch wirklich ausprobieren und uns durch Mißerfolge nicht gleich zurückwerfen lassen. Geduld und Ausdauer sind zur Selbstfindung ebenso wichtig wie das Ausreizen seiner Anlagen.

Die Lebensrolle selbst suchen

Selbstfindung bedeutet aber nicht nur, seine Anlagen zu testen und darüber zu reflektieren. Es heißt auch, die Rolle im Leben zu spielen, die ich spielen will und kann. Ich darf mir also nicht einen Part aufdrängen lassen, für den ich weder Eignung noch Neigung besitze, nur weil andere von mir eine bestimmte Rolle erwarten. Oft schlüpfen wir in Rollen, die ganz und gar nicht zu uns passen. Nur weil wir unser Sozialprestige befriedigen und irgend jemandem imponieren wollen. Wir übernehmen beispielsweise Ämter, für die wir in Wirklichkeit weder Zeit noch Lust aufbringen. Die Folgen sind unausbleiblich: Der falsche Ehrgeiz überfordert unsere Kräfte, läßt nicht mehr den notwendigen Freiraum für Erholung übrig und schafft so einen tiefsitzenden Frust. Dieser vernichtet die letzte Motivation für unsere künstliche Rolle und leitet unaufhaltsam Mißerfolge ein, die der Umwelt, der man ja imponieren wollte, natürlich nicht verborgen bleiben. Statt des erhofften Applauses ernten wir schließlich gellende Pfiffe oder verächtliches Schweigen.

Künstliche Rollen

Neurosequellen

Die Bumerang-Wirkung einer solchen Haltung hat Carl Gustav Jung in seinem Werk „Von Traum und Selbsterkenntnis“ beschrieben: „Diese Identifikationen mit der sozialen Rolle sind überhaupt ergiebige Neurosequellen. Der Mensch kann sich eben nicht ungestraft seiner selbst zugunsten einer künstlichen Persönlichkeit entledigen. Schon der Versuch dazu löst in allen gewöhnlichen Fällen unbewußte Reaktionen aus, Launen, Affekte, Ängste, Zwangsvorstellungen, Schwächen, Laster usw. Der sozial starke Mann ist im Privatleben öfter ein Kind seinen eigenen Gefühlszuständen gegenüber..."

Falsches Konkurrenzdenken

Unser Selbstbewußtsein bleibt häufig auch deshalb auf der Strecke, weil wir uns zu stark mit anderen vergleichen und unsere Mitmenschen als Konkurrenten ansehen. Dabei verlieren wir eigene Ziele, die letztlich der Selbstverwirklichung dienen, völlig aus den Augen. T. J. Rubin schreibt in seinem Werk „Leben – hier und jetzt" zu diesem Thema folgendes: „In dem Moment, in dem man sein Leben auf Konkurrenzkampf aufbaut, verlagert man den Brennpunkt seiner Existenz nach außen. Die Verwendung von Zeit und Kraft wird nicht mehr von uns selbst und unseren wirklichen Bedürfnissen, sondern von unseren Rivalen bestimmt. Das aber schwächt unser Identitätsgefühl; wir fühlen uns zunehmend leerer und verletzlicher."

Idole nicht kopieren

Ein weiteres Hindernis für den Aufbau unseres Selbstbewußtseins ist eine allzu große Ehrfurcht vor Persönlichkeiten, die wir sehr schätzen. Wir schauen zu ihnen hoch wie zu Göttern und kommen uns selbst wie kleine Würmchen vor. Besonders gefährlich wird es, wenn wir die vergötterte Person kopieren oder imitieren wollen. Darüber verlieren wir nicht nur unser Ich; wir machen uns auch lächerlich. In diesem Zusammenhang fällt mir eine treffende Fabel von Aesop ein:

Geier und Pferd

„Ein Geier hatte einmal eine andere, durchdringende Stimme. Als er eines Tages das herrliche Gewieher des Pferdes hörte, wollte er es nachahmen. Immer wieder versuchte er es. Aber die Stimme des Pferdes konnte er sich nicht aneignen und verlor darüber seine eigene."

Negatives Eigenbild von außen

Vieles ließe sich noch anführen, was die Bildung von Selbstbewußtsein beeinträchtigt, etwa Autoritätsgläubigkeit, zu großer Respekt vor Vorgesetzten oder servile

Ein- und Unterordnung. Doch das würde zu weit führen. Eines ist diesen Haltungen gemeinsam: Sie orientieren sich nicht am eigenen Persönlichkeitskern, sondern an der Umwelt. Das Selbstbild richtet sich an der Meinung und am Urteil anderer aus – sowohl in der Auf- als auch in der Abwertung. Viele von uns sind seit ihrer Kindheit durch negative Außenfaktoren beeinträchtigt, z.B. durch Tadel, Strafe, abwertende Beurteilung von Leistungen und geistig-seelischen Anlagen.

Daher formen wir allzu schnell ein negatives Eigenbild. Wir glauben nicht an unsere wirklichen Fähigkeiten, sondern befinden uns im permanenten Selbstzweifel. „Ob ich das wohl kann?" „Nein, das schaffe ich nie!" Wir leiden unter unseren Schwächen, ohne unsere Stärken und Fähigkeiten jemals hinterfragt oder gar getestet zu haben.

Teufelskreis

Entsprechend dann das Leistungsergebnis: mangelhaft bis ungenügend. Das wiederum (und hier schließt sich der Teufelskreis) zieht das Mißfallen von Vorgesetzten und die Mißachtung unserer Mitmenschen nach sich. Die Gesellschaft sieht uns als Versager an, zumindest aber als Nicht-Leistungsträger und läßt uns am Rande stehen.

Weil wir uns dem Urteil unserer Mitmenschen ausgeliefert haben, erkennen wir dieses mehr oder weniger an und übernehmen es allmählich als Selbstbild. Ein negatives Eigenbild aber läßt der Entfaltung unserer Anlagen und unserer Persönlichkeit nicht den nötigen Freiraum.

Was denken andere über mich?

Das hat auch Hildegund Fischle-Carl erkannt: „Die Einstellung, die wir uns selbst gegenüber haben, entscheidet also darüber, was wir wagen, angehen, üben und von uns selbst und unseren Möglichkeiten verwirklichen. Entmutigung, negative Erwartungshaltungen, die Fehleinschätzungen der anderen und ihrer Bewertungen von uns selbst bestimmen unsere Entwicklung und unsere Erfolgschancen weitaus mehr, als dies normalerweise sichtbar wird, weil sie über unser Selbstwerterleben auf uns einwirken.

Viele reflektieren über sich und ihr Tun kaum, jedoch sind sie immer damit beschäftigt, darüber nachzudenken, was die anderen über sie denken. In solchen Vorstellungen ist dann immer dieselbe Prägung zu beobachten, nämlich Angst vor abwertender Kritik und Ablehnung entsprechend früherer negativer Erfahrungen."

Was also tun?

Befreien Sie sich von dem Rollenverhalten, das Ihnen die Gesellschaft aufoktroyieren will! Lassen Sie sich nicht in die Zwangsjacke der Außenerwartungen stekken!

Innere Unabhängigkeit bewahren

Bewahren Sie sich bei allen Rollen, die Sie spielen müssen (Mutter-, Vater-, Berufsrolle) Ihre innere Unabhängigkeit als Zentrum Ihres Bewußtseins und Ihres Handelns. Suchen Sie nicht Anerkennung um jeden Preis und fallen Sie nicht auf plumpes Schulterklopfen herein. Fällen Sie Entscheidungen nach Ihrer eigenen Überzeugung und achten Sie dabei nicht auf Beifalls- und Mißfallenskundgebungen Ihrer Umwelt. Über einen längeren Zeitraum hinweg werden Sie bei einer derart geradlinigen Einstellung nicht nur mit sich selbst zufrieden sein. Sie werden auch von anderen akzeptiert und geschätzt.

Nicht nach allen Seiten leuchten

Wenn Sie aber nach allen Seiten leuchten wollen, werden Sie schnell farblos oder als Blender enttarnt. So wird ein Politiker, der keine eigene Meinung vertritt, sondern den Bürgern nur nach dem Mund redet, ziemlich bald als Populist entlarvt und unglaubwürdig. Wirkliche Persönlichkeiten in der Politik zeichnen sich durch klare Konturen aus. Sie scheuen sich nicht, ihre Überzeugung auch einmal gegen heftige Proteste und Widerstände zu vertreten und in die Tat umzusetzen, etwa Konrad Adenauer, Kurt Schumacher, Franz Josef Strauß oder Willi Brand.

Gesunder Egoismus ist wichtig

Um sich selbst zu finden, müssen wir auch Egoismus aufbringen. Wir müssen nach den eigenen Bedürfnissen fragen, nicht nur nach denen unserer Mitmenschen. So muß es mir als Vater noch erlaubt sein, meine eigenen Interessen nicht ganz denen der Kinder zu opfern. Die Ehefrau darf sich nicht bedingungslos den Wünschen ihres Mannes oder der übrigen Familienmitglieder unterordnen, sonst verliert sie ihr Selbstwertgefühl; oft auch noch den Respekt derer, für die sie ihr eigenes Ego opfert. „Mit ihr kann man das ja machen. Die läßt sich ja doch alles gefallen."

Geben und nehmen

Das Leben besteht nun einmal aus Geben und Nehmen. Sie können nicht immer nur geben. Sie müssen auch nehmen, sonst werden Sie leer. Sie müssen Ihr Ich „füttern", damit es stark genug ist zu geben. Nur ein „gut genährtes", in sich fest verankertes Ich kann schenken und positiven Einfluß auf die Umwelt nehmen. Unterdrücken Sie daher Ihre Wünsche und Bedürfnisse nicht. Rufen Sie sich solche vielmehr ins Bewußtsein, am besten schriftlich in Form einer „Wunschliste".

Selbstbild visualisieren

Nehmen Sie sich täglich Zeit und Ruhe, an Ihrem Selbstbildnis zu arbeiten, das von Ihnen selbst und nicht von einem anderen gemalt wird. Dazu ein praktischer Tip:

Entspannen Sie sich, schließen Sie die Augen, schalten Sie möglichst alle Umweltstörfaktoren aus und leben Sie alle in Ihrem Gehirn aufkommenden Gedanken aus. Lenken Sie allmählich Ihre Aufmerksamkeit auf sich selbst. Sehen Sie sich wie in einem Spiegel oder wie ein Außenstehender. Zeichnen Sie von sich das Bild einer kraftvollen, gefestigten, unabhängigen und erfolgreichen Persönlichkeit. Malen Sie sich so, wie Sie gerne sein wollen, und zwar in lebendigen Farben. Stellen Sie sich ganz intensiv vor, Sie sind bereits die gewünschte Persönlichkeit, nämlich der in sich ruhende, selbstsichere und erfolgreiche Mensch.

Regelmäßig üben

Wenn Sie regelmäßig Ihr positives Selbstbild visualisieren und durch einen (selbst formulierten) Suggestionstext ergänzen, wird Ihr Selbstbewußtsein ganz sicher in relativ kurzer Zeit wachsen. Der Erfolg hängt von der kontinuierlichen Übung ab, bei der natürlich die äußeren und inneren Rahmenbedingungen stimmen müssen (Abschottung von störenden Umwelteinflüssen, körperliche und geistige Lockerheit und ein lebendiges, ganz konkretes Eigenbild).

Äußere Haltung

Drücken Sie das in der Phantasie bestehende Selbstbild auch nach außen aus – in Mimik, Gestik und Körperhaltung. Schlagen Sie den Blick vor Ihrem Gesprächspartner nicht nieder, weichen Sie ihm nicht aus, sondern begegnen Sie ihm offen und unverkrampft. Verkrallen Sie nicht vor lauter Verlegenheit Ihre Finger ineinander, sondern bleiben Sie stets cool und locker. Gehen Sie aufrecht und entschlossen, nicht gehemmt oder verklemmt. Auch häufiges Lächeln ist förderlich. Es aktiviert nicht nur die 15 Gesichtsmuskeln, sondern es lokkert und löst auch innerlich – bei Ihnen und Ihrem Gegenüber.

Lächeln

Überhaupt ist die lockere, entspannte Körperhaltung von erheblicher Wichtigkeit für Ihre innere Haltung, worauf schon öfters hingewiesen wurde. Es bedarf wohl keiner großen Beweisführung, daß sich Körper und Geist bzw. Seele gegenseitig stark beeinflussen, negativ wie positiv. Daher sind mehrmalige Entspannungsübungen am Tag dringend zu empfehlen. Je einfacher sie sind, desto öfter werden sie auch tatsächlich durchgeführt.

Sympathische Ausstrahlung

Wenn Sie entspannt sind, gewinnen Sie automatisch an sympathischer Ausstrahlungskraft. Sie gehen ungehemmt auf andere zu und werden schnell angenommen. Als Antwort schlägt Ihnen Sympathie entgegen (Echo-Effekt), die dazu angetan ist, Ihr Selbstwertgefühl wachsen zu lassen und Ihr Lebensgefühl zu steigern.

Sollten Sie aber feststellen, daß Sie trotz aller Freundlichkeit bei einem Mitmenschen nicht ankommen, drängen Sie sich nicht auf! Spüren Sie Antipathie oder Ablehnung, so ziehen Sie sich von einem solchen Menschen zurück und halten Sie Abstand von ihm. Sonst entwikkelt sich ein ungesundes Spannungsverhältnis, das die Konzentration von innen nach außen lenkt und die Selbstfindung unnötig erschwert.

Bilanz

Selbstbewußtsein ist Grundvoraussetzung für die volle Entfaltung der vorhandenen, aber oft verdeckten Fähigkeiten eines Menschen. Nur wenn er seine Anlagen ausschöpft, kann er sich selbst verwirklichen und damit zur inneren Zufriedenheit, d.h. zum Glück gelangen.

Wir leiden alle mehr oder weniger an Mangel von Selbstbewußtsein. Daher müssen wir es behutsam aufbauen.

Dazu gehört die selbstkritische, aber positive Selbsteinschätzung, die sich besonders auf die Stärken konzentriert.

Die Erkenntnis der eigenen Vorzüge muß durch Autosuggestion ergänzt und verstärkt werden. Postive Formeln und Texte leisten eine wertvolle Aufbauarbeit.

Übernehmen Sie im Leben nur solche Rollen, die Sie spielen wollen und können.

Hüten Sie sich vor ungesundem Konkurrenzdenken. Konzentrieren Sie sich vielmehr auf Ihre eigenen Fähigkeiten.

Kopieren Sie andere Menschen nicht, sonst verlieren Sie Ihre Identität und machen sich lächerlich. Lassen Sie Ihr Eigenbild nicht von anderen prägen, sondern gestalten Sie es selbst. Handeln Sie so, daß Sie sich selbst gefallen. Leben besteht aus Geben und Nehmen. Sie müssen auch an sich denken.

Stellen Sie sich in der Phantasie täglich Ihr ideales Selbstbild lebhaft und ganz konkret vor. Zeigen Sie Ihre Selbstsicherheit auch durch eine entsprechende äußere Haltung.

Der Feind des Glücks ist die Angst

Ein Mann, der an nichts glaubt,
hat vor allem ANGST.
(George Bernhard Shaw)

Angst und Krankheit

Der ärgste Widersacher des Glücks ist die Angst, die an der Lebensfreude nagt, die Tatkraft lähmt, das Selbstbewußtsein erschüttert, die Freiheit vernichtet, Schuldgefühle erzeugt und Panik hervorruft. Weil Angst ein tief verankerter Drang ist, einer Gefahr zu entrinnen, ist der ängstliche Mensch immer in Unruhe, immer in Lauerstellung, immer auf der Flucht. So findet er nie zur Mitte seiner Persönlichkeit, sondern wird sich immer von außen abhängig machen, weil er seine Umwelt stets mißtrauisch beäugt, statt sich auf die vorhandenen eigenen Kräfte zu konzentrieren. Damit vermindert er seine Leistungsfähigkeit, fördert seine Selbstunzufriedenheit und gefährdet seine Gesundheit. Bekanntlich fördert Angst viele Krankheiten, angefangen von Übelkeit und Atembeschwerden bis hin zur Angina pectoris und zu Krebs.

Peter Lauster bezeichnet die Angst als „chronischen Zustand“, der Seele und Körper gleichermaßen bedroht. An folgendem Schema zeigt er die Auswirkungen von Angst:

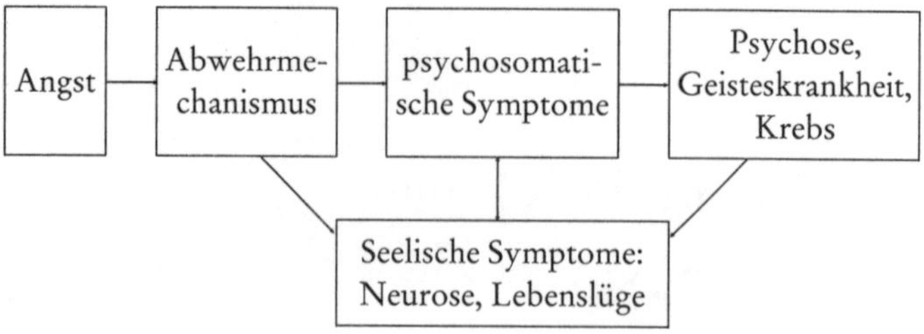

An anderer Stelle schreibt Lauster:

„Eine gesunde Seele sorgt dafür, daß sie in einem gesunden Körper wohnt, sie schafft die optimalen hormonellen und elektrochemischen Voraussetzungen, daß die Organe (im Sinne von gesund) funktionieren.

Körper und Seele

Auch Infektionen werden psychogen mitgesteuert, da der Körper mit kranker Seele anfälliger ist als der Körper mit gesunder Seele. Es ist eine Binsenweisheit, daß ein psychisch ausgeglichener Mensch, der voll Freude, Dynamik und Leidenschaft im Leben steht, seltener zu Infektionskrankheiten neigt als ein gedrückter, unzufriedener, frustrierter Mensch, der beruflich nicht ausgefüllt ist oder unter privaten Enttäuschungserlebnissen leidet."

Verdrängung

Auch wenn wir es nicht gerne zugeben, wir leiden alle mehr oder weniger an Ängsten. Unser Leben ist damit angefüllt, mit kleinen und mit großen Ängsten, mit solchen, die wir wahrnehmen, und solchen, die wir verdrängen oder gar nicht kennen. Gerade die unbekannten oder verdrängten Ängste sind besonders gefährlich. Sie sickern ins Unbewußte, fließen unterirdisch weiter und kommen irgendwo als reißender Strom ans Tageslicht, wo sie ungeahnte Verwüstungen anrichten können.

Daher ist es wichtig, daß wir uns mit unseren Ängsten vorbehaltlos auseinandersetzen, statt sie in den Untergrund zu verbannen. Paul Tournier schreibt: „Man kann sie (die Angst) verdrängen, aus der Welt schaffen kann man sie nicht. Man kann sich mit ihr abfinden, sein Leben einengen, um sich ihr nicht auszusetzen. Aber ein Sieg ist das nicht. Und ich muß gestehen, daß ich all diese Ängste selbst auch kenne."

Gehen wir unsere Ängste also einmal durch, ohne hochtrabenden wissenschaftlichen Hintergrund – einfach so, wie wir sie täglich erleben: die Angst vor Krankheit, vor Arbeitslosigkeit, vor Verarmung, die Angst vor Versagen oder vor einer Blamage, die Angst vor Vorgesetzten oder anderen Mitmenschen, die Angst, seine eigene Meinung zu vertreten oder eine öffentliche Rede zu halten, die Angst vor Verlust eines Angehörigen oder vor Liebesentzug, die Angst vor Kritik oder Umweltkatastrophen, die Angst vor der Lebensbewältigung, die Angst vor der Wirklichkeit, die Angst vor dem Alter, die Angst vor dem Tod...

Große und kleine Ängste

Diese kleinen und großen Ängste blockieren unsere Fähigkeiten, lähmen unsere Initiative und ballen sich zu einer Angstlawine zusammen, die immer neue Ängste aufnimmt und uns schließlich in die Tiefe reißt, wenn wir sie nicht zu stoppen vermögen. Eine freie Selbstentfaltung oder Selbstbestimmung wird dann immer schwerer oder gar unmöglich. Auf der Flucht vor der Angst suchen wir Zuflucht in Mitteln, die unsere Freiheit immer stärker einschränken, unsere körperliche und seelische Gesundheit schrittweise zerstören und unsere Ängste letztlich nur vergrößern. Denken wir nur an die Psychopharmaka, die bereits von Kindern geschluckt werden, an das „Beruhigungsmittel" Alkohol und an die anderen Drogen, die eine kurzfristige Flucht aus der Wirklichkeit ermöglichen.

Flucht in Drogen

Konstruktiver Umgang mit der Angst

Samuel J. Warner hat sich in seinem Werk „Ein Psychotherapeut berichtet" intensiv mit dem Thema Angst auseinandergesetzt und kommt zu der Erkenntnis: „Was wir sind, hängt weitgehend davon ab, was wir mit unserer Angst tun und mit welchen für uns charakteristischen Methoden wir ihr gegenübertreten. Glücklich der Mensch, der in seinen frühen Jahren konstruktive Methoden im Umgang mit Angst und Furcht entwickeln lernte."

Unser Glück hängt also weitgehend davon ab, wie wir mit unseren Ängsten umgehen, wie wir ihnen begegnen und wie wir sie in den Griff bekommen.

Angstdiagnose

Um sie behandeln zu können, müssen wir sie erst gefunden haben. Ein Arzt kann auch erst dann therapieren, wenn er das Krankheitsbild kennt. Daher ist es wichtig, unsere Ängste aufzuspüren, anzuerkennen und die Wurzeln auszugraben. Nur dann können wir die Verästelungen feststellen, die bestimmte Verhaltensweisen und Handlungen in unserem Alltag hervorrufen. Dabei werden wir auch bemerken, daß uns viele Ängste seit unserer Kindheit von außen eingepflanzt wurden und werden.

Angst und Erziehung

Unser Verhalten und Wertempfinden ist wesentlich geprägt von der Erziehung, die wir genossen haben. Sehr oft versuchen Eltern ihre Kinder so zu erziehen, wie es ihren eigenen Vorstellungen entspricht, wie sie ihre Kinder haben wollen. Dabei wird nicht selten überzogen, d.h., der Persönlichkeitskern des Kindes wird mit massivem elterlichen Druck gebrochen oder zumindest stark beschädigt. Es sind nicht immer nur die brutalen Methoden der körperlichen Züchtigung und Erniedrigung, die ein Kind in Angst und Schuldgefühle stürzen. Es sind auch die feinen und verdeckten „pädagogischen Maßnahmen", die sich im späteren Leben noch negativ auswirken.

Liebesentzug

Ein beliebtes Mittel ist die Drohung mit Liebesentzug: „Wenn du nicht folgst, mag dich Mama (Papa) nicht mehr." „Wenn du noch einmal mit deinem Schwesterchen (Brüderchen) streitest, haben wir dich nicht mehr gern."...

Religiöse Erpressung

Manchmal wird auch die Religion als pädagogisches Folterinstrument mißbraucht. Gott wird zum verlängerten Aufsichtsarm der Erziehenden, zum Überwachungs- und Disziplinierungsinstrument degradiert: „Der liebe Gott sieht alles, was du tust. Er bestraft alle bösen Kinder."

Kinder haben nach meinen Erfahrungen ein lebendiges und persönliches Verhältnis zu Gott. Durch mißbräuchliche Erziehung entsteht im Heranwachsenden aus dem ursprünglich positiven Gottesbild ein negatives. Auf diese Art wird nicht nur die Gottesvorstellung pervertiert (erst liebender, dann strafender Gott); es werden auch tiefe Ängste und Schuldgefühle vorprogrammiert, von denen mancher nicht mehr loskommt.

Zuckerbrot und Peitsche

So wird mit Zuckerbrot und Peitsche gearbeitet, um aus den Kindern angepaßte Erwachsene zu formen. Mit der Zeit gehen die Gebote und Verbote sozusagen in Fleisch und Blut über, weil die Kinder die Liebe ihrer Bezugspersonen nicht verlieren wollen, weil sie anerkannt sein wollen und weil sie gespürt haben, daß es sich leichter leben läßt, wenn man sich den Erwachsenen fügt.

„Über-Ich"

Es ist das entstanden, was Sigmund Freud als „Über-Ich" bezeichnet – ein Normenkatalog von Geboten und Verboten, den es einzuhalten gilt. Dieser Normenkatalog wird dem Jugendlichen weiter eingeschärft, wobei es in dieser Zeit freilich häufig zu grimmigen Protestreaktionen oder offener Rebellion bei den Heranwachsenden kommt. Je heftiger die Gegenreaktion (d.h. der Druck) der Erwachsenen ist, desto größer der Konflikt, desto größer aber auch die Gefahr der Verdrängung mit Spätfolgen.

Sozialer Druck

Der Druck der Außenwelt hört aber auch nicht auf, wenn der Mensch erwachsen ist, wenn er seine Berufsausbildung abgeschlossen und sich eine mehr oder weniger gesicherte Existenz aufgebaut hat. Auch jetzt gilt es noch (oder erst recht), Tabus einzuhalten, Etikette zu bewahren und sich so zu verhalten, wie es die Gesellschaft von uns erwartet. Man will unter keinen Umständen aus der Rolle fallen, man darf doch seinen Vorgesetzten nicht widersprechen, man kann als Weiße(r) doch keine(n) Farbige(n) heiraten, man sollte dies tun und jenes unterlassen. Kurzum, man erwartet von uns ein bestimmtes Verhalten, das Einhalten ganz bestimmter Spielregeln der Gesellschaft bzw. Gesellschaftsschicht, in der wir leben.

„Normalerweise" befolgen wir dieses Sozialreglement, weil wir im Grunde Kinder geblieben sind, die geliebt, gelobt und anerkannt werden wollen. Wir zeigen Wohlverhalten und Angepaßtheit, weil wir die Isolation und Geringschätzung unserer Mitmenschen fürchten, weil wir als „normal" gelten wollen, weil wir nicht auffallen wollen. Im Innersten wollen wir freilich oft etwas ganz anderes, etwas, das uns in Gegensatz zum „Ehrenkodex" der Gesellschaft bringt. Jeder hat da seine eigenen geheimen Wünsche und Vorstellungen.

Konflikte zwischen Ich und „Über-Ich"

Dieser Konflikt zwischen ureigenem Wollen und den Gesetzen der Gesellschaft erzeugt seelischen Druck, der zu Angst wird. Je größer der Druck, desto größer die Angst. Je mehr ich mich dem Druck der Gesellschaft mit ihren Erwartungen und Forderungen aussetze, desto zahlreicher die Ängste, desto geringer die persönliche Freiheit, desto größer die Gefahr von Fehlverhalten.

Englisches Königshaus

Das beste Beispiel für meine These bietet gegenwärtig das englische Königshaus. Die durch Heirat in die Königsfamilie aufgenommenen Mitglieder sehen sich nach glücklichen Tagen der Illusion plötzlich der ganzen Unerbittlichkeit einer unzeitgemäßen und lebensfremden Etikette gegenüber, die sie in äußersten Psychostreß setzt, der tiefgreifende Ängste verursacht. Als einziger Fluchtweg bleibt die Loslösung von diesem Familienkonstrukt mit seinem steifen Zeremoniell und seiner fragwürdigen Moral, die sich an Staatsräson und Repräsentation orientiert. Hinzu kommt die Erwartungshaltung der „Untertanen", die ein ganz bestimmtes Verhalten von den Royals fordern.

Was ist also zu tun?

Der Angst kann man nicht entgehen, indem man sie einfach zur Seite schiebt oder verdrängt. Man muß ihr also offen entgegentreten und sie an sich herankommen lassen.

Nehmen Sie Ihre jeweilige Angst genau unter die Lupe, durchleben und durchzittern Sie diese bewußt und weichen Sie ihr nicht aus! (Siehe Kapitel 4.)

Angst mitten im Balaton

Ich erinnere mich an ein Angsterlebnis, das ich vor Jahren mitten im Balaton durchzustehen hatte: Ich war weit hinausgeschwommen und kam irgendwie mit einem Tier (einem Fisch oder einer dort häufig vorkommenden Wasserschlange) in Berührung. Dadurch geriet ich in panische Angst und fürchtete einen Herz- und Kreislaufkollaps. Weit und breit keine Menschenseele. Ich war mit meiner Angst allein – mitten im See. Es blieb mir gar nichts anderes übrig, als die Angst anzunehmen, sie irgendwie zu bewältigen.

Angst zugeben

Ich sagte mir: „Du kannst jetzt nichts mehr ändern. Du bist allein, keiner hört und sieht dich. Was jetzt passieren muß, wird passieren. Wenn ich eine Herzattacke bekomme, dann kann ich ihr nicht entrinnen." Ich baute also zunächst unnütze innere Widerstände ab und versuchte, mich danach auch körperlich zu beruhigen, indem ich gleichmäßig und immer tiefer zu atmen begann. Schließlich schaltete ich auch meinen Verstand ein, nachdem ich mich ein wenig beruhigt hatte. Ich machte mir klar, daß ich mich wegen eines harmlosen Tieres in eine hysterische Reaktion hineingesteigert hatte, und mußte vor mir selber zugeben, daß sie eigentlich recht albern war. Jedenfalls hatte ich mich durch Analyse und körperliche Entspannung so weit von meiner Angst entfernt, daß sie plötzlich verschwunden war.

Konfrontation mit der Angst

Ich war meiner Angst nicht ausgewichen und hatte sie auch nicht verdrängt. Vielmehr hatte ich mich mit ihr auf körperlicher, emotionaler und rationaler Ebene auseinandergesetzt. Körperliche Aktionen (Atemtechnik) und geistige Prozesse (Angstanalyse) führten Hand in Hand zum Sieg über meine Angst.

Spannungszustand abbauen

Angst geht gewöhnlich einher mit Verkrampfung und Verspannung. Daher ist es empfehlenswert, zunächst den körperlichen Spannungszustand abzubauen. Das geschieht am besten durch das bereits erwähnte Prinzip des Anspannens und Entspannens. Aber auch eine richtige Atemtechnik kann helfen, Angst zu lindern, Verkrampfungen zu lösen und das Lebensgefühl zu steigern. Dabei sollte man darauf achten, daß sowohl Brust- als auch Bauchatmung eintrainiert werden. Ich will an dieser Stelle nicht ausführlicher auf Atemtechniken eingehen, sondern verweise auf das Werk „Das große Buch vom richtigen Atmen“ (mit Übungsanleitungen zur Entspannung und Selbstheilung für jedermann mit altbewährten Methoden der fernöstlichen Atemtherapie) von Dr. T. Nakamura (Scherz Verlag, 1992).

Ergänzend zu den Entspannungs- und Atemübungen sollten Sie sich einen Anti-Angst-Suggestionstext zusammenstellen und auf Tonband sprechen. Darin sollten Sie sich konkret mit Ihren speziellen Ängsten auseinandersetzen und sie in Worte fassen. Haben Sie Ihre Ängste visualisiert, sollten Sie diese in Ihrer Vorstellung verdunsten und fortfliegen lassen, um sich anschließend völlig frei und gereinigt zu fühlen.

Angstformel

Vera Birkenbühl empfiehlt folgende Angstformel: „Ich habe Angst. Ich sehe die Angst vor mir. Ich werde sie besiegen, meine Angst. Denn sie ist der kleine Tod. Ich werde meine Angst besiegen und damit meine Energien zum Leben befreien. Ich beobachte meine Angst, wie sie durch mich hindurchgeht, als sei ich Luft.

Ich werde von drei bis null zählen. Bei der Erreichung von null ist die Angst durch mich hindurchgegangen. Dann ist sie weg, dann habe ich sie besiegt.

Drei: Die Angst ist noch in mir. Ich atme tief und frei!
Zwei: Sie verläßt meinen Körper. Ich atme tief und frei!
Eins: Ich spüre die Erleichterung. Ich atme tief und frei!
Null: Sie ist weg. Ich habe mich befreit. Ich habe meine Angst bezwungen und atme tief und frei, tief und frei und erleichtert. Die Angst ist mir ganz gleichgültig. Ich atme tief und frei. Ich lebe frei."

Optimistische Geisteshaltung

Die Suggestionstexte sind eine technische Hilfe, Angst unter Kontrolle zu bringen. Sie sind aber wirkungslos, wenn die innere Bereitschaft, die Angst abzuschütteln, fehlt. Daher ist es ganz entscheidend, vorhandene geistig-seelische Grundeinstellungen zu ändern. Das heißt, wir müssen eine heitere und optimistische Geisteshaltung einnehmen, die sich auf das Finden von Lösungen konzentriert und nicht auf die Probleme und Sorgen fixiert ist.

Wir müssen einen geistigen Abstand zu den dumpfen oder ganz konkreten Angstgefühlen herstellen, indem wir fragen: Was beunruhigt mich eigentlich? Was kann ich gegen meine Angst tun? Kann ich überhaupt etwas dagegen tun? Soll ich etwas dagegen unternehmen oder soll ich den Dingen nicht besser ihren Lauf lassen?

Selbstgespräche

Bei solchen „Selbstgesprächen" erforsche ich mich selbst und konkretisiere dabei automatisch meine Ängste. Ich setze mich mit ihnen auseinander und verdränge sie nicht. Ganz im Gegenteil – ich ziehe sie ins Licht des Bewußtseins und kann sie jetzt genau betrachten und analysieren.

Über den Wert positiver Selbstgespräche schreiben Robert Sharpe und David Lewis: „Ebenso wichtig ist es aber, negative Gedanken zu verbannen und durch positive Selbstgespräche zu ersetzen, wozu Taktiken gehören, die produktiv die jeweilige Angstsituation bewältigen helfen.

Um erfolgreich zu sein, müssen positive Selbstgespräche 1. eng mit der Situation in Zusammenhang stehen, die im Augenblick Ängste verursacht; 2. realistisch sein, d.h. die Schwierigkeiten nicht ignorieren, sondern zugeben und eine praktische Lösung bieten." Es wird empfohlen, vor den Übungen eine nach Wirkungsgraden abgestufte Liste der Angstsituationen anzulegen, die man im Geist lebendig ausmalt.

Bei dieser Art von Angstbewältigung wird verstärkt der Verstand eingesetzt. Er gewinnt langsam die Oberhand über das Gefühl und ist nun in der Lage, Angstgefühle abzubauen und allmählich aufzulösen.

Glaube und Hoffnung

Bei all diesen Prozessen ist es hilfreich, die christlichen Tugenden Glaube und Hoffnung zu pflegen, sich in Gelassenheit zu üben, die Ängste und Sorgen auf den Schöpfer zu werfen und ein demütiges „Herr, Dein Wille geschehe" zu sprechen.

Auch der Taoismus empfiehlt eine solche Geisteshaltung: „Der Mensch als Herr seines Schicksals ist zeitlebens der Urheber seiner eigenen Leiden und kann die meisten davon dadurch beheben, daß er alle Geschehnisse als Teil des natürlichen Plans duldsam hinnimmt."

Konkrete Zielsetzungen

Das Unvermeidliche zu akzeptieren, ist nicht gleichbedeutend mit tatenlosem Sichabfinden oder Resignation. Die Annahme des Unvermeidlichen setzt vielmehr Energien frei, nach vorne zu blicken, nach den unendlich vielen Möglichkeiten zu suchen, die das Leben noch zu bieten hat, und sich Ziele zu setzen. Konkrete Zielsetzungen sind ein wirksames und schöpferisches Angstbekämpfungsmittel, weil sie unseren Blick von der Angst weg nach vorne auf den Lebensstrom richten und uns Kreativität und Initiativen abverlangen. Damit durchbrechen wir den Teufelskreis, in dem sich die Angst mit sich selbst beschäftigt und dadurch immer größer wird.

Angst ist notwendig

Bei allen schlimmen Auswirkungen der Angst auf Körper und Geist des Menschen sollten wir aber nicht ihre positive Seiten übersehen. Sie ist, wie alles bei uns Lebewesen, eine sinnvolle und notwendige Einrichtung. Angst schärft unsere Sinne, erhöht unsere Wachsamkeit und verleiht in höchster Gefahr übermenschliche Kräfte. Andererseits zwingt sie uns zu Vorsicht und warnt uns vor allzu großer Waghalsigkeit.

Angst ist lebenserhaltend

Sie kann nicht nur notwendig, sondern auch lebenserhaltend sein. So bewahrt sie beispielsweise ein Kind davor, von einer hohen Mauer zu springen oder in einem reißenden Fluß zu schwimmen. Ebenso kann die Angst vor einem übergroßen finanziellen Risiko einen Geschäftsmann vor dem beruflichen Ruin bewahren, dem nicht selten auch der persönliche Niedergang folgt.

Ich denke, jeder Mensch benötigt ein gewisses Quantum Angst, um nicht übermütig zu werden, um sich Wachsamkeit, Spannkraft und Kampfbereitschaft zu erhalten.

Entscheidend für unsere Lebensgestaltung ist die Art und Weise, wie wir mit unseren Ängsten umgehen. Ob wir sie als Antriebsmotoren in kritischen Lebenssituationen positiv nutzen oder ob wir uns von ihnen blokkieren lassen.

Angst setzt Energien frei

Angst bewahrt uns nicht nur vor unüberlegten Handlungen. Sie verleiht uns auch enorme Energien, bestimmte Reflexe voll zu entfalten und bestimmte Handlungen effektiv durchzuführen (z.B. Flucht oder Selbstverteidigung), und sie spornt uns zu bestimmten Leistungen an, etwa im Berufsleben. So manchen hat die Angst vor Entlassung oder vor dem Tadel durch Vorgesetzte veranlaßt, vorhandene Reserven zu mobilisieren und seine tatsächliche Begabung auszuschöpfen. Und wieviele haben aus Angst vor einer drohenden Niederlage schier unmenschliche Anstrengungen auf sich genommen, um schließlich einen Sieg davonzutragen. Olympiasieger, Welt-, Europa- oder Landesmeister in den verschiedensten Sportarten legen hierfür ein beredtes Zeugnis ab.

Das Leben bietet stets Alternativen, soviel wurde in vorangegangenen Kapiteln immer wieder deutlich. Das ist bei dem so lebenswichtigen Thema Angst nicht anders.

Die eine Alternative ist das Umfunktionieren des hemmenden Angstgefühls in eine äußerst effiziente Antriebskraft. Die schlechtere Alternative ist die negative Reaktion des Erstarrens.

Lähmung durch Angst

„Vor Schreck wie gelähmt sein“ heißt, wir sind unfähig, auf eine plötzlich entstandene Situation richtig zu reagieren. Wir verkrampfen uns dann sowohl körperlich als auch seelisch, wodurch unsere Handlungsfähigkeit völlig blockiert wird. Wir können keine klaren Gedanken mehr fassen und sind damit außerstande, unsere körperlichen Reaktionen zu steuern. Daher müssen wir lernen, unsere Ängste unter Kontrolle zu bringen. Sonst geraten wir bei geringsten Anlässen in Panik, werden schreckhaft und übernervös, was fatale Folgen für Körper und Psyche hat.

Die bereits erwähnten Therapeuten Robert Sharpe und David Lewis haben in ihrem Buch „Glücklicher ohne Angst" ein Trainingsprogramm zur Angstbekämpfung aufgestellt. Darin wird der Körper darauf geschult, „auf einen Angstreiz eher mit Entspannung als mit einer spiralisch sich verstärkenden Panik zu reagieren".

Anti-Panik-Programm

In einem entspannten Zustand wird eine Schrecksituation hergestellt, beispielsweise durch scharfes Händeklatschen, die der Proband feststellen soll. Sobald er diesen Schreck empfunden hat, soll er sich entspannen. Bei längerem Üben wird daraus ein konditionierter Reflex, d.h., die Schrecksituation wird automatisch mit Entspannung beantwortet und nicht etwa mit einem entsetzten Erstarren. Die Reihenfolge lautet also: Entspannen – Lärm (Schrecksituation) – Feststellen des Schreckgefühls – Entspannung.

Dieses zunächst auf den Körper bezogene Schema läßt sich natürlich auch auf die seelische Stufe verlagern. Sharpe und Lewis empfehlen dabei, sich Angstsituationen möglichst lebhaft und realistisch vorzustellen. Weiter heißt es:

WALA

„Schließlich begeben Sie sich in die tatsächliche Angstsituation und helfen sich dabei mit Entspannen, positivem Selbstgespräch und WALA. WALA bedeutet: WARTEN... AUFNEHMEN/ABSORBIEREN... LANGSAM ANGEHEN. WALA soll Sie daran erinnern, daß Sie sich langsam bewegen, Ihre Umgebung genau betrachten und bei jedem Angstgefühl erst einmal warten sollen.

Nach jedem solchen Versuch überdenken Sie Ihre Handlungsweise, Ihre Worte und Gedanken. Konstruieren Sie sich mit Hilfe Ihrer Erfolge weitere positive Selbstgespräche. Beglückwünschen Sie sich und belohnen Sie sich für alle Erfolge. Üben Sie jeden Punkt Ihrer Liste so lange ein, bis Sie die gewünschte Tätigkeit angstfrei ausführen können. Gehen Sie dann zum nächsten Punkt vor, aber vergessen Sie nicht, die Verhaltensweisen vorhergehender Situationen weiter zu üben. Dadurch vermeiden Sie, daß die gleichen Ängste neuerlich entstehen."

Tranquilizer

Viele Zeitgenossen halten diese Art von Angstbekämpfung für einen ausgemachten Unsinn, für Zeitverlust oder gar für Volksverdummung. Sie vertrauen eher handfesten Therapiemitteln in Form von Beruhigungstabletten.

Von Fall zu Fall ist die Einnahme solcher Mittel sicher nicht nur angebracht, sondern auch notwendig. Eine Dauerlösung kann dies allerdings nicht sein. Schon deshalb nicht, weil die Wirkung solcher „Drogen" bei wiederholter Einnahme nachläßt. Es werden immer größere Mengen nötig, um den gleichen Effekt zu erzielen. Das aber führt in sehr kurzer Zeit zu einer unseligen Abhängigkeit, die wiederum neue Ängste hervorruft. So wird der erhoffte Ausweg zur hoffnungslosen Ausweglosigkeit, die beabsichtigte Freiheit zur beklemmenden Hörigkeit.

Anne Kleins „teuflische" Krankheit

Anne Klein gibt in ihrem Buch „Und plötzlich überfiel mich Todesangst" ihre Erfahrungen mit Psychopharmaka wider, die ihre regelmäßigen Angstzustände lösen sollten. Frau Klein wurde urplötzlich von einer endogenen Depression befallen, einer „teuflischen" und „mysteriösen" Krankheit, wie sie selbst schreibt.

Panik und Todesangst

Sie litt an furchtbaren Kopfschmerzen, Schwindelanfällen, Atemstörungen und an panischen Todesängsten, wobei die Angst vor Herzversagen und Hirntumor vorrangig auftrat. Da der zugezogene Arzt keine körperlichen Krankheitssymptome diagnostizieren konnte, verordnete er Beruhigungsmittel, neudeutsch „Tranquilizer". Die wirkten aber nur kurzfristig und ließen die Patienten immer bewußter ihre Abhängigkeit von diesen Mitteln spüren. Nach einjährigen Qualen wurde sie durch Lektüre eines Artikels und eines Buches auf die Therapie von Prof. Dr. med. Rudolf Meyendorf (Universitäts-Nervenklinik München) aufmerksam und seine Patientin. Er behandelte Frau Klein mit einem Antidepressivum – in diesem Fall war es Anafranil – und konnte sie von ihrer schlimmen Krankheit befreien. In seinem Kommentar weist er darauf hin, daß viele Menschen unter dieser endogenen Depression leiden, und das jahre- und jahrzehntelang. Wörtlich heißt es: „Alle Symptome – Angst, Panik, die Furcht vor Erkrankung und die körperlichen Symptome selbst, das Herzrasen, der Schwindel und die höllischen Kopfschmerzen – verschwanden praktisch gleichzeitig, als mit einer antidepressiven Therapie begonnen wurde, mit Medikamenten, die wir klassischerweise bei schweren Gemütskrankheiten, bei Melancholien und endogenen Depressionen, mit Erfolg einsetzen."

Hilfe durch Antidepressivum

Das Schicksal von Frau Klein, das keineswegs ein Ausnahmefall ist, macht deutlich, daß nicht alle unsere Ängste mit Willenskraft, Verstand, Autosuggestion und psychotherapeutischer Behandlung aus der Welt zu schaffen sind. Wer an einer Krankheit mit ähnlichen Symptomen leidet, sollte vor Irrwegen (Psychopharmaka, Drogen) bewahrt werden und möglichst Rücksprache mit einem Nervenarzt oder sonstigen Fachleuten halten.

Bilanz

Angst ist ein schlechter Ratgeber und der ärgste Feind des Glücks. Sie nagt an unserer Lebensfreude, lähmt unsere Tatkraft, mindert unser Selbstbewußtsein und stürzt uns in Schuldgefühle und Panik. Sie bedroht nicht nur unsere seelische Gesundheit, sondern auch unsere körperliche.

Angst kann man nicht dadurch beseitigen, daß man sie verdrängt oder durch Psychopharmaka und andere Drogen betäubt.

Sie müssen Ihre Ängste erkennen und anerkennen lernen. Darüber hinaus müssen Sie nach ihren Wurzeln graben. Diese liegen sehr oft in der Erziehung und reichen in die Gegenwart hinein, die vom Rollen-Ich geprägt wird.

Begegnen Sie Ihren Ängsten mit offenen Augen und ermutigen Sie sich durch positive Selbstgespräche. Verlagern Sie die Angst von der emotionalen Ebene auf die Verstandesebene. Weil Angst stets mit Verkrampfung verbunden ist, sollten Sie diese durch Entspannungsübungen zu lösen versuchen. Richtiges Atmen ist dabei sehr wichtig.

Meditation und Autosuggestionstexte sind wirksame Mittel der Angstbekämpfung. Auch Angst- und Depressionsformeln können weiterhelfen. Am wirksamsten bekämpfen Sie Angst durch eine optimistische Geisteshaltung und positive Lebensbejahung. Dazu gehört es auch, Angst in einen konstruktiven Energiefaktor umzufunktionieren, der Probleme des Lebens lösen hilft.

Die Angst sollte nicht ihre lähmende Wirkung entfalten können. Deshalb ist es ratsam, mit Trainingsprogrammen vorzubeugen.

Wenn Ängste panisch und krankhaft werden, sind unbedingt kompetente Fachleute zu befragen. Eine bloße Therapie mit Beruhigungsmitteln bleibt auf Dauer unwirksam und birgt viele Gefahren in sich (z. B. Abhängigkeit, ständige Steigerung des Konsums).

Der Tod spricht nicht das letzte Wort

„Es ist unmöglich, daß etwas
so Natürliches, so Notwendiges,
so Allgemeines, wie der Tod es ist,
dem Menschengeschlecht von der
Vorsehung jemals als ein Übel
zugedacht sein sollte."
(Jonathan Swift)

Im vorangegangenen Abschnitt haben wir uns mit unseren Ängsten befaßt, die unsere Schritte auf dem Weg zum Glück beschweren und belasten. Eine Angst haben wir dabei bewußt ausgespart – die Angst vor dem Tod und dem, was uns nach dem Leben erwartet. Aber gerade diese Angst quält uns im tiefsten Innern und macht uns betroffen, ja ratlos. Obwohl der Tod das sicherste Ereignis in unserem Leben ist, verdrängen wir diese Tatsache immer wieder, der eine mehr, der andere weniger.

Klaus Thomas spricht in seinem Werk „Warum Angst vor dem Sterben?" von unterschiedlichen Stärkegraden der Todesangst, die zwischen „Gedanken an das Lebensende und dem unmittelbaren Vernichtungsgefühl" pendelt. Diese Gefühle beeinträchtigen das Denken und Handeln des Menschen und können beides im Extremfall lähmen.

Arthur Schopenhauer

Obwohl Arthur Schopenhauer die Angst vor dem Sterben als töricht bezeichnet, kommt er doch zu der Feststellung: „Das größte der Übel, das Schlimmste, was überall gedroht werden kann, ist der Tod, die größte Angst Todesangst." Für seine Person versteht der philosophische Pessimist diese Angst freilich nicht, da „es um den objektiven Wert des Lebens sehr mißlich steht und wenigstens zweifelhaft bleibt, ob dasselbe dem Nichtsein vorzuziehen ist."

Ich kann mich der Ansicht Schopenhauers, daß es um den objektiven Wert des Lebens mißlich stehe, nicht anschließen. Vielmehr glaube ich, daß der Mensch schon in diesem Leben ein gewisses Maß von Glück und Zufriedenheit erreichen kann. Wir können dann glücklich werden, wenn wir unsere Ängste unter Kontrolle bringen. Um das zu erreichen, müssen wir uns mit ihnen konfrontieren, sie zugeben und analysieren. Das gilt in ganz besonderem Maße für die versteckte Todesangst.

Laotse

Wer sich die Frage stellt „Warum Angst vor dem Tod?", wird Laotse recht geben, der einmal gesagt hat: „Weil die Vielen an ihrem Leben hängen, darum kann man sie mit dem Tod schrecken." Doch scheint mir die Anhänglichkeit an das irdische Leben nicht ausreichend genug für die tiefe Urangst.

Weitere Gründe für Todesangst

Der bereits zitierte Thanatologe (Todesforscher) Klaus Thomas nennt weitere Gründe für die Angst vor dem Sterben: Angst vor Schmerzen, Angst vor langem Siechtum, Angst wegen der Ohnmacht, nach dem Tod für andere nicht mehr sorgen zu können, Angst davor, sein Leben verpfuscht zu haben, Angst durch die Last des Gewissens, Angst vor dem ungewissen Danach, Angst vor der Ungewißheit und schließlich die Angst vor Gericht und Gerechtigkeit.

Theologen, Philosophen, Psychologen und Dichter beschäftigen sich seit der Existenz des Menschen mit dem Tod und seinem Schrecken. Die einen suchen die Ängste mit dem Hinweis auf ein besseres Leben nach dem Tod zu zerstreuen, andere bezeichnen sie als unbegründet, da nach dem Ableben alles aus und vorbei sei.

Tod als Nichtsein

Zu letzteren zählt A. Schopenhauer. Er hält die Angst vor dem Tod für töricht, weil wir aus dem Nichtsein kommen und wieder ins Nichtsein zurückkehren. Schopenhauer im Originalton: „Wenn, was uns den Tod so schrecklich erscheinen läßt, der Gedanke des Nichtseins wäre, so müßten wir mit gleichem Schauder der Zeit gedenken, da wir noch nicht waren. Denn es ist unumstößlich gewiß, daß das Nichtsein nach dem Tode nicht verschieden sein kann von dem vor der Geburt, folglich auch nicht beklagenswerter. Eine ganze Unendlichkeit ist abgelaufen, als wir noch nicht waren; aber das betrübt uns keineswegs. Hingegen, daß nach dem momentanen Intermezzo eines ephemeren (= vergänglichen) Daseins eine zweite Unendlichkeit folgen sollte, in der wir nicht mehr sein werden, finden wir hart, ja unerträglich."

Ewiger Friede

Wenn es ein Weiterleben nach dem physischen Tod nicht gibt, dann hat Schopenhauer recht; dann ist die Angst vor dem Sterben töricht. Schließlich kann man nach dem Erlöschen des Lebenslichtes nicht mehr denken und fühlen, also auch nicht mehr leiden. Die Beschwernisse des Lebens sind mit dem letzten Atemzug zu Ende. Ewiger Friede im Sinn von Nichtsein umfängt uns dann. Wer hat schon Angst vor Ruhe und Frieden? Genau das ersehnen wir doch in unserer so hektischen Zeit.

Gehen Sie diesen Gedanken einmal in aller Ruhe und Unvoreingenommenheit durch und beobachten Sie sich dabei! Sind Sie nun ruhiger geworden? Ist die Angst vor dem Sterben leiser geworden oder schweigt sie ganz? Sind Sie felsenfest der Meinung, daß der leibliche Tod das endgültige Aus Ihrer Gesamtpersönlichkeit ist?

Quälende Fragen

Oder stoßen Sie immer wieder auf Fragen wie: Warum plagen mich noch Zweifel? Ist nach dem Tod wirklich alles aus? Kann meine Geist-Seele einfach aufhören zu sein? Werde ich nach diesem Leben vor ein göttliches Gericht gestellt, um mich für meine Handlungsweise auf Erden zu verantworten? Wie ist das mit dem Fegefeuer oder mit der Hölle? Gibt es nicht doch eine ausgleichende Gerechtigkeit?

Ein wenig Glaube

Diese Fragen werden Sie nicht mit endgültiger Sicherheit, nicht mit dem Verstand beantworten können, denn sie sind nicht nachprüfbar und beweisbar. Hier muß der Glaube einsetzen. Ich denke, das ist ganz gut so. Ein wenig Glaube muß schon sein, ein bißchen Ungewißheit noch bleiben. Auch in unserem Alltag sind wir auf Glauben und Vertrauen angewiesen, und Tag für Tag sind wir neuen Ungewißheiten ausgeliefert.

Natürlich müssen wir auch unseren Verstand benutzen, um möglichst viel Licht in das Dunkel unserer Gegenwart und Zukunft fallen zu lassen. Und zur Zukunft des Menschen gehört nun einmal ganz wesentlich der Tod.

Rationale Auseinandersetzung

Mit ihm und mit der Frage, was nach unserem Leben mit uns geschieht, sollten wir uns rational auseinandersetzen, statt in den emotionalen Untergrund abzutauchen und zu verdrängen. Verdrängung nährt Ängste, während die bewußte geistige Auseinandersetzung eine befreiende und angstlösende Wirkung hat.

Wir wollen daher gemeinsam untersuchen, ob eine Weiterexistenz unserer Persönlichkeit nach dem physischen Exitus wahrscheinlich und logisch ist. Notgedrungen streifen wir bei dieser Frage nach der Unsterblichkeit der Seele auch die Frage nach der Existenz eines ewigen und allmächtigen Gottes. Dabei spielt es keine Rolle, welchen Namen man dem göttlichen Wesen verleiht, ob man es „schöpferische Intelligenz", „Urgeist", „Urprinzip", „Allah" oder „Dreifaltigkeit" nennt.

Gott als Urprinzip

Kein denkender Mensch leugnet heute noch Gott als Urprinzip allen Seins. Jeder Naturwissenschaftler weiß, daß unser Universum vom Makro- bis zum Mikrokosmos bis ins kleinste Detail sinnvoll geordnet ist. Hinter all dem muß eine absolut allwissende und allmächtige Intelligenz stehen. Nichts ist dem Zufall überlassen, alles ist logisch und sinnvoll. Natürlich ist auch der Mensch in diesen Sinn eingebunden. Und genau hier beginnen für mich die Fragen, die mich seit vielen Jahren beschäftigen:

Energieerhaltungsgesetz

Ist es sinnvoll und logisch, daß der menschliche Geist, der Raum und Zeit umgehen und ungeheure Energien entfalten kann, der Ideen gebären kann, die Jahrtausende überdauern, beim letzten Herzschlag des Menschen völlig ausgelöscht wird? Widerspricht solches nicht dem Energieerhaltungsgesetz?

Gewissen

Ist es ferner sinnvoll und logisch, daß die menschliche Seele, die sich intensiv durch das Gewissen bemerkbar macht, die immer mehr Vollkommenheit und Harmonie zu erreichen sucht, am Ende eines entbehrungsreichen Strebens plötzlich in ein Nichts zerfällt?

Gerechtigkeit

Ist es sinnvoll und logisch, daß Schwerstverbrecher und Völkermörder wie Adolf Hitler oder Josef Stalin ebenso mit dem ewigen Schlaf (im Sinne von Nichtsein) belohnt werden wie Menschen, die ein Leben lang dem Nächsten gedient und sich für die Gemeinschaft aufgeopfert haben?

Ist es sinnvoll und logisch, daß der Mensch, der zeitlebens seine Mitmenschen ausnützt, demütigt, quält und tyrannisiert, dem gleichgestellt wird, der sie liebt?

Ist es sinnvoll, daß sich Menschen als Asketen, Nonnen, Mönche oder Eremiten ein Leben lang leiblicher Genüsse enthalten, um am Ende denen gleich zu sein, die solche bis zum Exzeß ausgeschöpft und auf Kosten anderer genossen haben?

Ist Gott ein Scharlatan?

Wenn es wirklich sinnlos wäre, daß Menschen im irdischen Leben bewußt Leiden, Opfer und Entbehrungen auf sich nehmen, um das ewige Glück in einer anderen Seinsweise zu erlangen, dann muß die Frage erlaubt sein: Ist Gott, der Schöpfer eines sinnvollen Universums und einer harmonischen kosmischen Ordnung, ein Scharlatan oder gar ein perverser Sadist, der seine helle Freude an sinnlosen Opfern seiner eigenen Geschöpfe hat?

Millionen von Menschen müssen in diesem Erdenleben durch Krankheit, Hunger und schlimme Schicksalschläge Schweres erdulden, obwohl sie das alles nicht persönlich verschuldet haben, sondern meistens rechtschaffene Menschen sind. Dagegen leben andere, zuweilen Menschenverächter, Egoisten oder Verbrecher, in Saus und Braus und trinken aus vollem Becher das Glück dieser Erde.

Widersinn?

Wie paßt so etwas in eine harmonische Weltordnung? Wo bleibt die Gerechtigkeit des Schöpfergottes, wenn er die einen begünstigt und die anderen knechtet? Wo bleibt in dieser so sinnvoll eingerichteten Welt der Sinn, wenn die menschliche Existenz widersinnig wird? Wo bleibt die ausgleichende Gerechtigkeit, wenn es kein Weiterleben nach dem Tod gibt, in dem der (auf Erden) Dienende und Liebende belohnt und entschädigt wird?

Es lohnt sich, über diese Fragen nachzudenken und über die (Psycho-)Logik dieser Zusammenhänge zu meditieren. Sie werden keine endgültigen Antworten erhalten, aber Sie sehen Ihr Leben dann vielleicht in einem anderen Licht. Vielleicht sind Sie jetzt in der Lage, Leid aus einer anderen Perspektive zu betrachten und mit der Zeit sogar in Freude, mindestens aber in ein positives Ja umzuwandeln. Jedenfalls sollten Sie das Pro und Contra prüfen, das für bzw. gegen die Unsterblichkeit der Seele spricht. Die unsterbliche Seele gleich als Unsinn abzutun ist töricht und eines denkenden Menschen nicht würdig.

C. G. Jung: Tod als Sinnerfüllung

Carl Gustav Jung beschäftigte sich ein Leben lang mit der Seele des Menschen und zog einen persönlichen Schluß, den er in seiner wissenschaftlichen Korrektheit freilich vorsichtig formulierte. In seiner Abhandlung über „Seele und Tod" schrieb er: „Es scheint also der allgemeinen Seele der Menschheit mehr zu entsprechen, wenn wir den Tod als Sinnerfüllung des Lebens und als sein eigenes Ziel betrachten anstatt als ein bloß sinnloses Aufhören."

Jung, der 1944 nach einem Herzinfarkt selbst ein Todeserlebnis hatte, ist von der Weiterexistenz der Seele nach dem leiblichen Tod überzeugt und verweist mit der gebotenen wissenschaftlichen Vorsicht auf die klar nachzuweisenden telepathischen Fähigkeiten der Seele. Diese deuten darauf hin, daß die Schranken der Raum-Zeitlichkeit von der Seele „vermöge ihrer wesentlichen Eigenschaft relativer Raum-Zeitlosigkeit" durchbrochen werden können.

Rätsel der Seele

Ein Beweis für die Unsterblichkeit der Seele ist damit natürlich nicht erbracht. Der Psychoanalytiker bekennt: „Das Wesen der Psyche reicht wohl in Dunkelheiten weit jenseits unserer Verstandeskategorien. Die Seele enthält so viele Rätsel wie die Welt mit ihren galaktischen Systemen, vor deren erhabenem Anblick nur ein phantasieloser Geist sein Ungenügen sich nicht eingestehen will."

Erkenntnisse von Thanatologen

Wer sich intensiv mit der Unsterblichkeit der menschlichen Seele auseinandersetzt, stößt unwillkürlich auf Bücher von Raymond Moody („Leben nach dem Tod"), auf das Werk von Karlis Osis und Erlendur Haraldsson („Der Tod – ein neuer Anfang") oder auf die „Interviews mit Sterbenden" von Elisabeth Kübler-Ross.

Die genannten Autoren sind zumeist Ärzte und haben mit wissenschaftlichen Methoden Sterbeerlebnisse zusammengetragen, untersucht und ausgewertet. Sie forschten unabhängig voneinander, kommen jedoch übereinstimmend zu dem Ergebnis, daß der leibliche Tod des Menschen nichts Endgültiges ist, sondern nur ein Übergang in eine andere Form des Seins.

Moody hat Personen, die klinisch tot waren, nach ihren Todeserlebnissen befragt und diese miteinander verglichen. Trotz vieler individueller Unterschiede ergab sich ein übereinstimmendes Bild: Die klinisch Toten schwebten mit ihrem Bewußtsein (Seele) über ihren Körpern und konnten genau das Geschehen beobachten, das sich nach ihrem medizinischen Aus ereignete, z. B. wie sich Ärzte und Helfer um die Erhaltung ihres leiblichen Lebens bemühten.

Meditationserlebnisse

Ähnliche Erlebnisse sind auch von Zen-Meistern, Yogis, Gurus und von westlichen Mystikern überliefert: Nach jahrzehntelangen Konzentrations- und Meditationsübungen waren sie in der Lage, mit ihrem Bewußtsein aus ihrer Körperhülle zu schlüpfen. Sie konnten ihren eigenen Leib „von oben" betrachten. Ihre Visionen und „Gipfelerlebnisse" sind denen sehr ähnlich, die wir von Sterbenden und Ex-Toten kennen.

Hier Fragmente einer Meditationsschau des Zen-Asketen Kosen Imahita: „Ich war wie tot..., ein unbegrenztes Licht strahlte in mir... Ich fühlte wie einer, der von den Toten auferstanden ist... Da verstand ich alles."

Die Befragten berichteten Moody und den anderen Autoren, die über Sterbeerlebnisse forschten, ebenfalls von sehr intensiven Lichterscheinungen und vom „Blick von oben" auf den eigenen Körper.

Leben nach dem Tod?

Daneben ein typisches Sterbeerlebnis nach Moody, das ein ehemals klinisch Toter gehabt haben soll: „Zuerst befand ich mich außerhalb meines Körpers, oberhalb des Gebäudes, und konnte meinen eigenen Körper da unten liegen sehen. Dann habe ich das Licht wahrgenommen – alles um mich herum war plötzlich erfüllt von hellem Licht. Danach war mir, als ob um mich herum ein Schauspiel ablaufe: Mein ganzes Leben rollte vor mir ab, wie zur Begutachtung sozusagen. Vieles von dem, was ich zu sehen bekam, hat mich mit tiefer, tiefer Scham erfüllt. Ich muß dabei ein ganz neues Bewußtsein besessen haben, denn das Licht zeigte mir, was alles falsch gewesen war, was ich falsch gemacht hatte. Und zwar durch und durch realistisch."

Licht-erscheinungen

Immer wieder ist in den Todeserlebnissen nicht nur von Lichterscheinungen und Austreten aus dem Körper die Rede, sondern auch von filmhaftem Abrollen des gesamten Lebens und von Rechenschaft. Im Mittelpunkt der Rechenschaft stand stets die Frage, ob der Mensch in seinem Leben Liebe aufgebracht hatte. Dazu Moody wörtlich: „Und genauso überkam sie angesichts solcher Begebenheiten, bei denen sie Liebe und Güte bewiesen hatten, ein Gefühl von Liebe und Freude."

Liebe als Maßstab

Man mag solche Berichte als Hirngespinste zu den Akten legen oder als Wunschdenken von Schuldbewußten deklarieren. Eines steht nach Moodys Recherchen fest: Alle, die wieder ins Leben zurückgekehrt waren, hatten das Gefühl, sie müßten ihr Leben verändern und etwas für die Mitmenschen tun, ihnen Liebe und Zuwendung schenken.

Aufschlußreich finde ich auch die Berichte von Selbstmördern, die durch medizinische Kunst wieder ins irdische Leben zurückgeholt wurden. Ausnahmslos alle lehnten nach ihrer „Wiedergeburt" Selbstmord ganz entschieden ab, weil sie eine solche Tat jetzt als sehr schlimm beurteilten, die Bestrafung zur Folge habe.

Selbstmord bringt keine Lösung

Moody vermerkt hierzu: „Alle Zeugnisse dieser Personengruppe stimmen in einem Punkt überein: daß nämlich der Selbstmordversuch gar keine Lösung gebracht habe. Sie mußten erleben, daß sie nach wie vor mit genau denselben Problemen konfrontiert waren, denen sie sich durch Suizid zu entziehen versucht hatten. Gleichgültig, was das für eine Sache war, der sie hatten ausweichen wollen – dasselbe Problem bestand weiter auf der anderen Seite und war genauso ungelöst wie zuvor."

Übereinstimmende Forschungsergebnisse

Karlis Osis und Erlendur Haraldsson haben neben Interviews mit klinisch Toten vor allem Beobachtungen am Sterbebett wissenschaftlich ausgewertet und kommen zur Feststellung: „Unsere Erhebungen über die Erlebnisse der Sterbenden und wiederbelebten Patienten stimmen sinnvoll mit dem überein, was andere Forscher herausgefunden haben, besonders Elisabeth Kübler-Ross, Raymond Moody und Charles Garfield. Berichte über mediale Phänomene sprechen ebenfalls für die gleiche Art von Erlebnissen im Tod, wie sie von unseren Patienten geschildert wurden."

Diese übereinstimmenden Punkte lauten etwa so:

Es gibt ein Weiterleben nach dem Tod.

Der Tod ist nichts Schreckliches.

Wenn die Seele den Körper verlassen hat, möchte sie in aller Regel nicht mehr dorthin zurückkehren.

Während des Sterbens läuft das ganze Leben wie ein Film ab.

In der anderen Dimension erscheint ein Lichtwesen von unsagbarer Güte und Liebe.

Halluzinationen?

Sicher kann man in bezug auf derartige Veröffentlichungen auch anderer Meinung sein. Und Skepsis ist bei nicht verifizierbaren Aussagen immer angebracht. Schon deswegen, weil sie als phantastische Visionen oder Halluzinationen von Sterbenden ausgelegt werden können (und in der Tat werden), die auf eine psychische Krankheit oder auf Medikamente zurückzuführen sind. Für mich widerlegen diese Einwände keineswegs ein Weiterleben nach dem Tod. Immerhin haben die Visionen (oder Halluzinationen) der Sterbenden oder ehemals klinisch Toten den gleichen Grundinhalt (Licht, Lebensrückschau, Rechenschaft, Liebe etc.), und das trotz unterschiedlicher Bildungsgrade, verschiedener Religionszugehörigkeit oder unterschiedlicher Erziehung. Außerdem erhärten die Forschungsresultate der Parapsychologie die überlieferten Todeserlebnisse.

Unsterbliche Seele in allen Religionen

Als weiteres Argument für die unsterbliche Seele könnte man den Vergleich mit anderen Religionen ins Feld führen. Alle Religionen aller Zeiten und aller Kulturen lehren ein Weiterleben nach dem Tod, ob nun die Weltanschauungen der Hochkulturen in Ägypten, Babylonien oder Südamerika oder die von Völkern auf einer niederen Kulturstufe oder die großen Weltreligionen, die bis heute Jahrtausende überstanden haben.

Und schauen wir doch einmal in uns selbst hinein: Haben wir nicht auch eine archetypische Vorstellung von einem göttlichen Wesen und ein angeborenes Gespür dafür, daß wir unserem Schöpfer nach diesem Leben Rechenschaft schuldig sind? Empfinden wir nicht auch die Ur-Sehnsucht des Kirchenvaters Augustinus („Unruhig ist mein Herz, bis es ruhet in DIR“)? Fühlen wir nicht auch zuweilen, daß wir hier nur Gäste auf Zeit sind, die eigentlich eine andere, eine beständigere Ur-Heimat haben?

Christian Morgenstern hat in seinen Tagebuchnotizen dieses verdeckte Grundgefühl so formuliert:

Christian Morgenstern

„Ich bin wie eine Brieftaube, die man vom Urquell der Dinge in ein fernes, fremdes Land getragen und dort freigelassen hat. Sie trachtet ihr ganzes Leben nach der einstigen Heimat, ruhelos durchreist sie das Land nach allen Seiten. Und oft fällt sie zu Boden in ihrer großen Müdigkeit, und man kommt und hebt sie auf und pflegt sie und will sie ans Haus gewöhnen. Aber sobald sie die Flügel nur wieder fühlt, fliegt sie von neuem fort, auf die ewige Fahrt, die ihrer Sehnsucht genügt, die unvermeidliche Suche nach dem Ort ihres Ursprungs."

Bertolt Brecht

Trifft nun Christian Morgenstern ins Schwarze oder hat Bertolt Brecht recht, der den Jenseitsglauben für Volksverdummung hält und in folgendem Gedicht „Gegen die Verführung" aufruft:

„Laßt euch nicht verführen!
Es gibt keine Wiederkehr.
Der Tag steht in den Türen;
Ihr könnt schon Nachtwind spüren:
Es kommt kein Morgen mehr.

Laßt euch nicht betrügen!
Das Leben wenig ist.
Schlürft es in schnellen Zügen!
Es wird euch nicht genügen,
Wenn ihr es lassen müßt!

Laßt euch nicht vertrösten,
Ihr habt nicht zu viel Zeit!

Laßt Moder den Erlösten!
Das Leben ist am größten:
Es steht nicht mehr bereit.

Laßt euch nicht verführren
zu Fron und Ausgezehr!
Was kann auch Angst noch rühren?
Ihr sterbt mit allen Tieren,
und es kommt nichts nachher."

Ihre Lebensgestaltung und Ihr Glück hängen letztendlich davon ab, für welche Sichtweise Sie sich entscheiden. Geben Sie Bertolt Brecht recht, dann steht einem ungehemmten Genießen aller irdischen Freuden nichts mehr im Wege. Dann sollten Sie darauf achten, nichts auszusparen, was Ihnen Lust und Vergnügen bereitet. Wenn es kein Jenseits und damit auch keine Rechenschaft nach diesem Dasein gibt, sind alle Mittel zugelassen, die Ihnen zu Ihrem persönlichen Lebensgenuß verhelfen. Sie müssen natürlich legal sein, d.h. im Rahmen der staatlichen Gesetze bleiben. Denn Ordnung muß schon sein. Solange Sie dem anderen keinen Schaden zufügen, verhalten Sie sich legal. Ansonsten müssen Sie auf Ihre Mitmenschen nicht besonders Rücksicht nehmen, wenn es nicht in Ihr persönliches Glücksschema paßt.

Leben ohne Transzendenz

Ein Leben ohne transzendente Perspektive verweist den Menschen total und kompromißlos auf die irdische Existenz, und nur auf sie. Will er also glücklich werden, so kann er es nur hier. Ist er krank, arm, mißgestaltet oder von schlimmen Schicksalsschlägen getroffen, so muß er doch sein Glück in diesem Leben suchen. Er ist Gefangener dieser Welt und dazu verdammt, hier (und nur hier) das Glück und damit den Sinn seines Lebens zu finden.

Wie aber kann der Mensch glücklich oder zufrieden sein, wenn er immer wieder erleben muß, wie kurzfristig, launisch, ungerecht und unzuverlässig dieses erstrebte Glück ist? Welchen Sinn kann das Geistwesen Mensch erkennen, wenn es stets auf der Jagd nach vergänglichen Dingen wie Macht, Ansehen, Erfolg, Vergnügen und Triebbefriedigung ist? Spürt er nicht Sättigung und schließlich Langeweile, wenn er all diese Ziele erreicht hat? Bleibt nicht ratlose Unzufriedenheit zurück, wenn der Mensch feststellt, daß ihn keines der irdischen Güter im Innersten ausfüllen und beglücken kann?

Lebenssinn

In einem Artikel „Paradoxien des Glücks“ analysiert Viktor Frankl eine statistische Erhebung an der Idaho State University, die mit solchen Studenten durchgeführt wurde, die bereits einen Selbstmordversuch verübt hatten. 85 % der Befragen gaben als Motiv ihres Suizidversuches an, sie hätten keinen Sinn mehr in ihrem Leben gefunden. Dabei waren sie fast alle (93 %) physisch und psychisch gesund, lebten in guten wirtschaftlichen Verhältnissen, im besten Einvernehmen mit ihrer Familie und hatten keine Studienprobleme. Aber das füllte sie offenbar nicht ganz aus.

Ein 22jähriger Student formuliert seine innere Leere deutlich: „Ich besitze einen akademischen Grad, einen luxuriösen Wagen, bin überhaupt finanziell unabhängig, und es steht mir mehr Sex und mehr Prestige zur Verfügung, als ich verkraften kann. Was ich mich frage, ist nur, was das alles für einen Sinn haben soll.“

Weil viele Menschen in der Erfüllung des irdischen Glücks keinen Sinn erkennen, nehmen sie sich das Leben. Sie haben erreicht, was dieses Leben zu bieten hatte. Eine Steigerungsmöglichkeit sehen sie nicht mehr. Also beenden sie es, ehe irgendein Risikofaktor (z.B. Krankheit) das Leben in Leiden wandeln kann.

Hoffnungslosigkeit

In seinem dritten Werk „Das Licht von drüben" schreibt Raymond Moody über die Forschungsergebnisse von Bruce Greyson, der Todesnähe-Erlebnisse von Selbstmördern untersucht hatte: „Oft ist Hoffnungslosigkeit der Grund, warum jemand versucht, sich umzubringen. Die Menschen empfinden das Leben als eine Last und ohne spirituellen Sinn. Todeserlebnisse können diese Leere ausfüllen. Während diese Menschen zuvor meinten, ihr Leben führe zu nichts, glauben sie nun, daß sie ein reiches und erfülltes jenseitiges Leben erwartet. Dieses Wissen vermag den Schmerz in ihrem Leben zu mindern. Es gibt ihnen das Gefühl, daß das Leben lebenswert ist."

Nach all diesen Überlegungen und aufgrund meiner eigenen Erfahrungen komme ich persönlich zu dem Schluß, daß der Mensch nach dem Tod in eine andere Existenzweise tritt und daß er über sein irdisches Leben in irgendeiner Form Rechenschaft ablegen muß.

Dies ist auch die übereinstimmende Erkenntnis aller bisher zitierten Thanatologen. Auch Gerhard Adler übernimmt diese Auffassung in seinem Buch „Wiedergeboren nach dem Tode?" mit einem Zitat des Psychotherapeuten und Hypnotiseurs Thorwald Dethlefsen: „Nachdem das Bewußtsein aus dem Körper ausgetreten ist, steht dieser Mensch (jetzt ohne Körper) einem Absoluten gegenüber, in dessen Gegenwart er schlagartig die Fehler seines Lebens erkennt."

Fegefeuer?

In diesem Zusammenhang taucht natürlich auch die Frage nach einem Läuterungsstadium, dem im Christentum beheimateten „Fegefeuer" auf. Raymond Moody geht auf diese Frage in seinem Buch „Nachgedanken über das Leben nach dem Tod" ein und läßt einige Reanimierte zu Wort kommen, die von einem derartigen Läuterungsstadium berichten.

Wie man auch immer zu solchen Berichten stehen mag, sie bestätigen eigentlich nur die geistig-moralischen Grundlagen unseres menschlichen Lebens. Das Prinzip der Läuterung und das Verlangen nach Sühne für verübtes Unrecht entsprechen einem menschlichen Grundbedürfnis. Die Strafgesetze von früher und heute verlangen nicht nur Buße und Vergeltung, sie wollen auch zu Einsicht und Bewußtseinsänderung führen, d.h. einen Läuterungsprozeß in Gang setzen.

Bedürfnis der Schuldabtragung auf Erden: Hinweis auf ein Jenseits?

Ähnlich fühlt auch jeder einzelne von uns. Wenn ich etwas getan habe, was meinem Gewissen widerspricht, spüre ich ein Verlangen nach Wiedergutmachung, möchte ich mich in irgendeiner Form von meiner Schuld befreien, um meinen inneren Frieden zu finden. Diese Suche nach dem permanenten inneren Frieden deutet genauso wie das Bedürfnis, beständiges Glück zu erreichen, auf eine andere Dimension hin, die zeitlos und ewig ist.

Ebenso weist unser Wunsch, sich in der irdischen Existenz von Schuld zu reinigen, darauf hin, daß wir unbedingt willens sind, gereinigt und schuldenfrei in das andere, in das eigentliche Leben überzuwechseln. Auch die Reinigungsriten in den verschiedenen Religionen oder

Reinkarnation

die Reinkarnationslehre des Buddhismus (der Mensch muß so oft in verschiedenen Gestalten wiedergeboren werden, bis er geläutert und rein ist) bestätigen die Aussagen der von Moody und anderen Thanatologen befragten „Ex-Toten“. Sie haben nach ihrer Rückkehr das Gefühl, noch unvollkommen zu sein, und sie ändern ihre bisherige Lebensweise radikal.

Es wurde bereits ausgeführt, daß reanimierte Selbstmörder keine Suizid-Gedanken mehr hegen, sondern in ihrem wiedergeschenkten Leben alle Leiden und Schicksalsschläge geduldig hinnehmen. Sie haben offensichtlich erkannt, daß die absolute Glückseligkeit im anderen Leben bereits in diesem Leben verdient werden muß.

Liebe zu Gott und dem Nächsten

Wie bereits dargestellt wurde, haben sie nach ihrer Rückkehr Liebe und Zuwendung zum Nächsten als die wichtigsten Lebensinhalte entdeckt. Nicht zufällig fordern alle großen Religionen der Menschheit Liebe zu Gott und den Nächsten. Insbesondere das Christentum hat dieses Urgebot in den Mittelpunkt seiner Lehren gestellt: „Du sollst den Herrn, deinen Gott, lieben mit ganzem Herzen, mit ganzer Seele und mit all deinen Gedanken. Das ist das wichtigste und erste Gebot. Ebenso wichtig ist das zweite Gebot: Du sollst deinen Nächsten lieben wie dich selbst. An diesen beiden Geboten hängt das ganze Gesetz samt den Propheten." (Mt. 22,37–40)

In der Liebe zum Mitmenschen und zu unserer ganzen Umwelt kommen wir Gott auf Erden näher. Wir bejahen die Schöpfung, so wie Gott uns als Geschöpfe bejaht und annimmt. Wir strahlen ein wenig von der glühenden, unvorstellbaren Liebe aus, die der Schöpfer seinen Kreaturen entgegenbringt.

Leiden annehmen

Liebe zum Mitmenschen beinhaltet auch Liebe zu uns selbst, mit unseren Schwächen, Fehlern und Vergehen. Sie trägt uns auch auf, daß wir unsere Leiden und Lebensprüfungen annehmen und akzeptieren müssen. Im Blick auf das andere Leben dürfte uns ein demütiges „Herr, Dein Wille geschehe" nicht mehr so schwer fallen. Dann, und nur dann, erhalten unsere Leiden, Opfer und Entbehrungen einen tieferen Sinn: Wir können unsere Seele schon jetzt reinigen und läutern.

Trotz unserer Verfehlungen und Untaten muß uns vor dem Sterben nicht bange sein. Auch wenn die Menschen nach ihrem Sterbeerlebnis ihr Leben änderten, berichtete doch keiner von Strafe, Vergeltung oder gar von Verdammung im Jenseits.

Keine Höllenstrafe

Statt dessen waren alle beeindruckt von der unfaßbaren Güte und Liebe des „Lichtwesens", von dem sie sich verstanden und angenommen wissen. So kann Moody denn auch in seinem Werk „Das Licht von drüben" das Fazit ziehen: „Angst vor einer Höllenstrafe für ihre irdischen Taten ist für viele nun (nach ihrer Wiederbelebung) kein Problem mehr. Beim Betrachten ihrer Lebensrückschau wird vielen Betroffenen klar, daß das Lichtwesen sie liebt und sich um sie sorgt. Sie erkennen, daß es sie nicht verurteilt, sondern nur möchte, daß sie sich zu besseren Menschen entwickeln. Das hilft ihnen, ihre Ängste zu überwinden und sich von neuem darauf zu konzentrieren, lieben zu lernen."

Befreiungs- und Glücksgefühl

Auch der deutsche Professor für Medizinische Psychologie und Psychotherapie, Eckart Wiesenhütter erinnert sich bei seinem ersten Sterbeerlebnis an ein „zunehmendes Befreiungs- und Glücksgefühl", aus dem er nicht mehr in die irdische Welt zurückkehren wollte: „Der Sog von der anderen Seite war so stark wie der Drang, von hier wegzukommen." Ausdrücklich betont der Wissenschaftler, der Tod habe nicht nur psychisch, sondern auch organisch nach ihm gegriffen, was an den EKG-Veränderungen abzulesen war.

Sterben als Drang zur Wiedervereinigung

Nach seinem zweiten Todeserlebnis war die Enttäuschung, wieder ins Erdenleben zurückkehren zu müssen, noch stärker. Die Angst vor dem Sterben hatte Wiesenhütter nun vollständig verloren, obwohl er nach eigenem Bekenntnis ständig davon bedroht war. Er führte es darauf zurück: „Nicht die Behandlung Sterbender und die gedankliche Beschäftigung mit dem Sterben brachten diese Wandlung, sondern die konkrete Selbsterfahrung. Sie läßt das Sterben als eine Vollendung der Selbsthingabe und der Liebe (im Sinne Tillichs ‚in all ihren Formen der Drang zur Wiedervereinigung des Getrennten‘) erscheinen.“

Bilanz

Sie sollten keine Angst vor dem Sterben haben und bedenken, daß gerade im Angesicht des Jenseits unser Erdenleben sehr sinnvoll ist. Es wurden keine wissenschaftlichen Beweise für ein jenseitiges Leben vorgelegt, weil nicht alles wirklich Existente auch verifiziert werden kann. Im übrigen sollten wir uns nicht allzuviel auf unseren Verstand einbilden. Er ist so begrenzt, daß er bei weitem nicht alle Wunder unseres Kosmos erkennen oder gar erklären kann. Wir haben auch noch Gefühl und Herz. Sie verstehen oft das besser, was unser Intellekt nicht erfassen kann.

Um Ihnen Mut und Hoffnung zu geben, schließe ich dieses Kapitel mit einem Auszug aus dem Epilog des Werkes von Osis und Haraldsson „Der Tod – ein neuer Anfang“:

Der Tod – ein neuer Anfang

„Stellen wir uns vor, es würde ein moderner Lazarus mit Hörgerät und Prothese auferstehen und im Rundfunk oder in einer Talk-Show zu uns sprechen. Was würde er sagen?

Seine Mitteilung könnte lauten: Wenn dein Herz stillsteht und die Todesstunde kommt, wirst du nicht wie das Eis in den Stromschnellen zerbrechen und zertrümmert werden. Statt dessen wird es wie das Eintauchen in eine neue Form der Wirklichkeit sein. Du wirst dich auf eine ganz besondere Art wohlfühlen und glücklich sein – der Friede, der jenseits allen Verstehens liegt, wird dich umfangen. Kummer, Schmerzen und Traurigkeit werden zusammen mit den Leinentüchern auf dem Krankenbett zurückbleiben... Etwas unsäglich Mildes, aber Mächtiges wird dich einhüllen. Du wirst dich wie in den schönsten Augenblicken deines Lebens fühlen – wie auf einem Berggipfel, in einer Kirche, in einem Tempel – und noch viel besser. Es mag sein, daß dir dann die Worte dafür fehlen – Heiligkeit, Licht, Liebe. Nein, keines kann es wirklich beschreiben, aber du wirst es zutiefst in deinem Wesen fühlen..."

Resumé

„Der Weg zum Himmel ist leicht zu finden,
aber Tausende und Abertausende
weigern sich, ihn zu beschreiten."
(Chinesisches Sprichwort)

Wir können unbeschwert und glücklich durch unser Leben tanzen (ohne Traumtänzer zu sein) oder mit hängenden Schultern und verbissener Miene hindurchstolpern. Wir können voller Selbstmitleid unser Schicksal beklagen oder es mit Hoffnung und schöpferischem Elan in die eigenen Hände nehmen. Wir können an unseren Leiden und Schicksalsschlägen zerbrechen oder daran wachsen und reifen. Das Leben bietet immer Alternativen. Es liegt an uns selbst, was wir daraus machen.

Das wirkliche Glück ist schwer zu erkennen

Im Bann der expansiven Konsum- und Freizeitgesellschaft (in der viele Menschen im Schatten stehen) wird es immer schwieriger, die richtige Alternative, das wirkliche Glück zu erkennen. Zu zahlreich sind die Wahlmöglichkeiten, zu verlockend die Angebote. Wohlstand, Prestige, Standardsymbole und teure Vergnügungen stehen ganz oben auf der Glücks-Hitliste. Dennoch wachsen Unzufriedenheit, Angst, Lebensüberdruß und Selbstmordraten gerade in den Wohlstandsländern an.

Keine falschen Erwartungshaltungen

Offensichtlich wissen viele Menschen mit den vorhandenen Gütern, die sie als Glücksbausteine zweifellos benutzen könnten, nichts anzufangen. Sie haben falsche

Erwartungshaltungen, verzerrte Perspektiven und laufen so an ihrem Glück vorbei.

Sich Ziele setzen

Darum ist es notwendig, über unser Leben nachzudenken, nach Sinn und Inhalt zu fragen, Akzente zu setzen und gegebenenfalls umzukehren und neu anzufangen. Wir müssen uns fragen, ob wir noch unsere eigenen Ziele verfolgen oder ob andere uns die Ziele vorgeben. Dabei müssen wir aber auch selbstkritisch prüfen, ob unsere Wünsche und Zielsetzungen nur um unsere eigenen Bedürfnisse kreisen oder unsere Mitmenschen mit einbeziehen. Vor allem gilt es zu klären, ob wir unser Glücksgebäude auf ein stabiles, unerschütterliches Fundament oder auf losen Sandboden gestellt haben.

Glück von Vergänglichkeit unabhängig machen

Wenn wir unser Glück von äußeren Lebenssituationen und -umständen abhängig machen, kann es nicht stabil sein, weil diese Zufällen, ständigen Wechseln und der rinnenden Zeit ausgesetzt sind. Wir können Glück also nur an einem Ort finden, der vor flüchtiger Vergänglichkeit, hohler Äußerlichkeit und willkürlicher Zufälligkeit geschützt ist. Dieser Ort ist der geistige Bereich, der in Verbindung steht mit dem allumfassenden Urgeist und damit die engen Schranken der endlichen Raum-Zeitlichkeit überwindet. Da wir aber auch einen Körper mit all seinen Trieben, Bedürfnissen und Ansprüchen besitzen, müssen wir leibliche und seelisch-geistige Bestrebungen miteinander in Einklang bringen. Außerdem sind wir Menschen noch Gemeinschaftswesen. Folglich müssen wir die Gemeinschaft in unser Leben einbeziehen, müssen wir unser individuelles Sein in eine harmonische Beziehung zur Umwelt bringen und das Ich und Du, Wir und Ihr zu einer ergänzenden Einheit verbinden.

Bevor ich mich dem Du und Wir zuwende, muß ich erst Ordnung im eigenen Innern schaffen. Das Wichtigste ist, sich selbst anzunehmen, sich auch mit seinen Fehlern und Schwächen zu bejahen und ein positives Selbstbild aufzubauen. Nur wer gut über sich selbst denkt, kann auch gut über den anderen denken. Nur wer tolerant gegen sich selber ist, kann auch dem Nächsten gegenüber Toleranz und Verständnis zeigen.

Glück ist individuell

Ebenso muß ich mein eigenes Glückskleid entwerfen, meine eigenen Wünsche und Bedürfnisse erkunden und zu verwirklichen suchen. Wenn ich die Glücksprioritäten in die Tat umsetze, die meinem Wesen und meinen Anlagen entsprechen, bin ich reich und ausgefüllt. Ich muß dann nicht mehr neidisch und mißgünstig auf das (scheinbare) Glück von Mitmenschen schielen. Von einer bewußten, geordneten und gefestigten Persönlichkeitsmitte aus kann ich selbst auf meine Umwelt ausstrahlen und einwirken.

Das Universum einbeziehen

Ich muß meine Mitmenschen, die Natur, die gesamte Schöpfung und den Schöpfer in mein Dasein einbeziehen, wenn ich glücklich werden will. Denn ich bin ein Teil dieser kosmischen Ganzheit und als Individuum nur vollständig, wenn ich in lebendiger Verbindung zum Universum bleibe. Daher kann ich nicht glücklich werden, wenn sich meine Strebungen nur um mich drehen, wenn ich nur nach den eigenen Interessen lebe. Ein Egoist kann nie glücklich werden, weil er in der engen Kammer seines Ego erstickt und seiner Natur als Gemeinschaftswesen (zoon politikon) zuwiderhandelt. Außerdem ist der einzelne, doch sehr begrenzte Mensch sowohl körperlich als auch geistig und seelisch von anderen abhängig und auf sie angewiesen. Wer es versteht, diese naturgegebenen Bindungen zu kultivieren und zu sublimieren, kann damit eigene Mängel wettmachen und eine ungeahnte Bereicherung des eigenen Lebens erfahren.

Glück ist von Liebe nicht zu trennen

Über die Mitmenschen wird mir passive und aktive Liebe zuteil. Ich bekomme Liebe, gebe sie wieder zurück, und umgekehrt. Liebe ist das positivste und stärkste Gefühl im Menschen. Es weist über das enge Ego und auch über das menschliche Wir hinaus, hin auf die übrige Schöpfung und auf den Schöpfer selbst. Liebe zeugt nicht nur neues Leben, sondern tiefe Harmonie und Erfülltheit in unserem Innern. Je stärker unsere Liebe ist, desto größer ist unser Glück. Daher bilden beide eine untrennbare Einheit und lassen schon in diesem Leben ein wenig von dem aufblinken, was uns nach dessen Vollendung erwartet. Daraufhin sollten wir kontinuierlich hinarbeiten, darin sollten wir Sinn und Inhalt unseres Hierseins erkennen. Das alles bewältigen wir nicht von heute auf morgen. Wir müssen Schritt für Schritt diesem Ziel entgegengehen, Stufe um Stufe emporsteigen.

Antoine de Saint-Exupéry

Daher möchte ich das Buch mit einem Gebet von Antoine de Saint-Exupéry, das so gut zu unserem Thema paßt, beschließen:

„Ich bitte nicht um Wunder und Visionen, Herr, sondern um die Kraft für den Alltag.

LEHRE MICH DIE KUNST DER KLEINEN SCHRITTE:

Ich bitte um Kraft für das rechte Maß, daß ich nicht durch das Leben gleite, sondern den Tageslauf bewußt wahrnehme, auf Lichtblicke und Höhepunkte achte und Raum finde für Augenblicke der Stille.

Laß mich erkennen, daß Grübeln nicht weiterhilft, weder über die Vergangenheit noch über die Zukunft. Hilf mir, das Nächste so gut wie möglich zu tun und die jetzige Stunde als die wichtigste zu erkennen.

Bewahre mich vor der Erwartung, es müßte im Leben alles glatt gehen. Schenke mir die Erkenntnis, daß Schwierigkeiten, Niederlagen, Mißerfolge und sogenannte Rückschläge eine hilfreiche Zugabe zum Leben sind, durch die wir wachsen und reifen. Schicke mir im rechten Augenblick jemanden, der den Mut hat, mir die Wahrheit in Liebe zu sagen, und laß mich Deine Wahrheit aus meinem Innersten hören.

Ich weiß, daß sich viele Probleme auch dadurch lösen können, daß ich nichts tue. Zeige mir, wo ich warten soll, und gib mir die Geduld und das Vertrauen dazu.

Du weißt, wie sehr wir der Freundschaft bedürfen. Gib, daß ich dieser schönsten, schwierigsten, riskantesten und zartesten Aufgabe des Lebens gewachsen bin.

Verleihe mir die nötige Wachsamkeit, im rechten Augenblick ein Päckchen Güte, mit oder ohne Worte, an der richtigen Stelle abzugeben.

Mach aus mir einen Menschen, der einem Schiff mit Tiefgang gleicht, um auch die zu erreichen, die ‚unten' sind.

Bewahre mich vor der Angst, ich könnte das Leben versäumen. Gib mir nicht, was ich mir wünsche, sondern, was ich brauche.

LEHRE MICH DIE KUNST DER KLEINEN SCHRITTE!

Laß mich jeden Tag DICH in mir spüren. So könnten auch die andern DICH durch mich erfahren und fühlen.

DASS DU IN UNS ALLEN BIST, BEI JEDEM KLEINEN SCHRITT!“

Literaturhinweise

Adler, Gerhard: Wiedergeboren nach dem Tode? Idee der Reinkarnation, Knecht, Frankfurt 1977.

Beer, Ulrich: Medizin für die Seele. Fünfzig Rezepte zum Glücklichsein, Econ, Düsseldorf 1984.

Birkenbihl, Vera: Der persönliche Erfolg, Rentrop, Bonn 1984.

Blofeld, John: Der Taoismus. Oder die Suche nach Unsterblichkeit, Diederichs, Köln 1986.

Brunton, Paul: Als Einsiedler im Himalaya. Ein Tagebuch, Barth, München 1975.

Carnegie, Dale: Sorge dich nicht, lebe! Scherz, Bern 1976.

Carrington, Patricia: Das große Buch der Meditation, Scherz, Bern–München–Wien 1991.

Cox, Gill/Dainow, Sheila: Entdecken Sie Ihre verborgenen Kräfte, Weltbild, Augsburg 1989.

Dalai Lama: Logik der Liebe. Aus den Lehren des Tibetischen Buddhismus für den Westen, Goldmann, München 1991.

Das C. G. Jung-Lesebuch. Ausgewählt von Franz Alt, Walter, Olten 1983.

Enomiya-Lasalle, Hugo M.: Zen, Weg der Erleuchtung. Hilfe zum Verständnis. Einführung in die Meditation, Herder, Wien 1971.

Epikur: Von der Überwindung der Furcht. Katechismus, Lehrbriefe, Spruchsammlung, Fragmente, dtv, München 1983.

Feldmann, Christian: Träume beginnen zu leben. Große Christen unseres Jahrhunderts, Herder, Freiburg 1983.

Fischle-Carl, Hildegund: Anstiftung zu Lebenslust und Lebensfreude, Herder, Freiburg 1985.

Hauser, Theresia: Tag für Tag mein Leben. Wege zum ganzheitlichen Menschen, Kösel, München 1986.

Hill, Napoleon: Denke nach und werde reich, Ariston, Genf 1966.
Huxley, Laura Archera: Glücklichsein ist keine Kunst, Anleitungen zum Leben und Lieben, Sphinx Medien, Basel 1989.
Jackson, Robert: Nie mehr krank sein. Das Geheimnis langen Lebens. Goldmann, München 1981.
Kirschner, Josef: Die Kunst, ohne Angst zu leben. Wie man lernt, um seine Freiheit zu kämpfen, Schoeller, Ascona 1983.
Klein, Anne: ...und plötzlich überfiel mich Todesangst. Erfahrungsbericht über eine endogene Depression, TRIAS, Stuttgart 1991.
Knippenkötter, Anneliese (Hg.): Aufbruch zum Leben. Gedanken, Gedichte, Geschichten, Gebete, Klens, Düsseldorf 1989.
Kurtz, Waldemar: Das Kleinod in der Lotosblüte, Günther, Stuttgart 1972.
Meichenbaum, Donald: Streß bewältigen, Ehrenwirth, München 1985.
Moody, Raymond: Nachgedanken über das Leben nach dem Tod, Rowohlt, Reinbek 1987.
Moody, Raymond: Das Licht von drüben, Rowohlt, Reinbek 1989.
Morgenstern, Christian: „Tagebuchnotizen" – Gesammelte Werke, Pieper, München 1965.
Osis, Karlis/Haraldsson, Erlendur: Der Tod – ein neuer Anfang. Visionen und Erfahrungen an der Schwelle des Seins, Bauer, Freiburg 1979.
Lauster, Peter: Lassen Sie der Seele Flügel wachsen. Wege aus der Lebensangst, Econ, München 1987.
Peale, Norman Vincent: Die Wirksamkeit des positiven Denkens, Oesch, Zürich 1978.
Ryborz, Heinz: Freude und Begeisterung durch positives Denken, Oesch, Zürich 1988.
Schopenhauer, Arthur: Über den Tod. Hyperion.
Sharpe, Robert/Lewis, David: Glücklicher ohne Angst. Ein Trainingsbuch für jeden, Ehrenwirth, München 1982.
Thomas, Klaus: Warum Angst vor dem Sterben? Erfahrungen eines Arztes und Seelsorgers, Herder, Freiburg 1980.

Tournier, Paul: Antwort, die das Leben gibt. Der bekannte Genfer Tiefenpsychologe zu bedrängenden Lebensfragen, Herder, Freiburg–Basel–Wien 1987.

Warner, Samuel: Ein Psychotherapeut berichtet ... von Selbstzerstörung und Selbstverwirklichung, Econ, Düsseldorf–Wien 1969.

Was ist Glück? Ein Symposion, dtv, München 1976.

Wiesenhütter, Eckart: Blick nach drüben. Selbsterfahrungen im Sterben, Mohn, Gütersloh 1977.

Yogananda, Paramahansa: Worte des Meisters. Inspierierende Ratschläge an seine Jünger, Barth, München 1977.

Namens- und Sachregister

Quellennachweis

Wir danken für die erteilten Abdruckgenehmigungen:

S. 30/31: Gina Ruck-Pauquèt, Eine glückliche Nacht, aus:
Ruck-Pauquèt, Wenn der Mond auf dem Dach sitzt,
© by Georg Bitter Verlag, Recklinghausen, 1968.
S. 136/137: Bertolt Brecht, Gegen Verführung, aus:
Gesammelte Werke. © Suhrkamp Verlag Frankfurt am Main 1967.